"十三五"应用型人才培养规划教材　公共基础

中职
实用数学

张茹茵　周怀宇　主编

李崇　李晓明　副主编

清华大学出版社

北京

内 容 简 介

本书在形式和内容设计上,结合生活中的许多数学实例,以提高学生的综合数学能力;并介绍一些现代数学和信息知识,寓教于乐,激发学生学习数学的兴趣。在考虑中职学生特点的基础上,做到了不枯燥,不单调,吸引学生注意力。主要内容包括数理逻辑、几何问题、集合问题、函数问题、数列问题、排列与组合。

本书可以作为中等职业学校数学课教材,也可以作为初中毕业生学习数学的参考书。

图书在版编目(CIP)数据

中职实用数学/张茹茵,周怀宇主编.--北京:清华大学出版社,2016(2021.10重印)
"十三五"应用型人才培养规划教材.公共基础
ISBN 978-7-302-42543-4

Ⅰ.①中… Ⅱ.①张… ②周… Ⅲ.①数学课-中等专业学校-教材 Ⅳ.①G634.601

中国版本图书馆 CIP 数据核字(2016)第 000856 号

责任编辑:张 弛
封面设计:牟兵营
责任校对:刘 静
责任印制:刘海龙

出版发行:清华大学出版社
      网 址:http://www.tup.com.cn,http://www.wqbook.com
      地 址:北京清华大学学研大厦 A 座   邮 编:100084
      社 总 机:010-62770175   邮 购:010-62786544
      投稿与读者服务:010-62776969,c-service@tup.tsinghua.edu.cn
      质量反馈:010-62772015,zhiliang@tup.tsinghua.edu.cn
      课件下载:http://www.tup.com.cn,010-62770175-4278
印 装 者:三河市科茂嘉荣印务有限公司
经 销:全国新华书店
开 本:185mm×260mm   印 张:7.5   字 数:118千字
版 次:2016 年 5 月第 1 版   印 次:2021 年 10 月第 8 次印刷
定 价:29.00 元

产品编号:064350-02

前　言
FOREWORD

中等职业学校数学课程是中等职业教育阶段的一门主要文化基础课程，对于学生认识数学与自然界、数学与人类社会的关系，认识数学的科学价值、文化价值、应用价值，提高提出问题、分析和解决问题的能力，形成理性思维具有基础性的作用；对于学生智力的发展和健康个性的形成起着有效的促进作用。

中等职业学校数学课程要确保学生学习"必需的数学"，让学生掌握数学基础知识、基本技能和基本能力的内涵。中等职业学校数学课程还要确保学生了解数学与社会发展的相互作用，体会数学的文化价值，提高数学学习的兴趣。

《中职数学》本着"以学生为本"的教育理念，以"贴近学生、贴近生活、贴近岗位实践"为出发点，以学生身边的实例为切入点，用学生耳闻目睹的问题情境设定教学任务，而后引导出要掌握的数学知识并加以学习，最终让学生通过对知识的学习和理解，服务于生活中的实际问题，从而达到学以致用的目的。

根据中职数学教学大纲的要求，结合中职学生的学习特点，本书在编写过程中突出了如下特点。

（1）在结构设计上，注重思维的连贯性、条理性和逻辑性，以期帮助学生理顺数学知识之间的内在联系，提高学生分析问题、解决问题的能力。本书每一单元由若干任务组成。每个任务由问题情境—问题分析—相关知识—解答问题—拓展与实践—作业与训练六部分组成。其中，拓展与实践内容是对问题情境内容的巩固与提高，作业与练习的内容设置上，做到了少而精，考查了学生对相关知识的理解与掌握。如此,层次分明,利于教师的分层次教学,利于学生思维的发展。

(2) 在内容设计上,做到理论联系实际,讲述深入浅出,便于学生掌握学习技巧。本书减少知识本身的抽象性、枯燥性,多了实用性、针对性。在内容选择上由浅入深且通俗易懂,淡化了形式化的推理论证,增加了和生活相关的知识,突出数学的应用价值,达到生活材料数学化,数学教学生活化,有助于学生对知识的理解与掌握,提高学生解决问题的能力。

(3) 在语言表达上,做到准确、通俗易懂。数学符号的使用严格按照国家技术标准。

(4) 本书通过实际问题引入知识,激发学生的学习兴趣,激活学生思维,让学生快乐学习。

(5) 本书难度适中,覆盖面广,使广大学生能学有所就,学有所知。

(6) 本书也介绍了一些现代数学和信息知识,激发学生学习数学的兴趣,寓教于乐。

本书内容需要 60 学时,学时分配如下表。

学时分配表

章内容	学时数	章内容	学时数
单元一　数理逻辑	7	单元四　函数问题	16
单元二　几何问题	8	单元五　数列问题	12
单元三　集合问题	5	单元六　排列与组合	12

本书由张茹茵、周怀宇、李崇、李晓明等编写。

编者衷心感谢大连商业学校刘锡凤、刘君、董魏丽,他们在本书编写过程中提出了宝贵的修改意见。

由于编者的水平有限,书中存在不足之处,敬请读者提出宝贵的意见和建议。

编　者
2015 年 11 月

目 录
CONTENTS

单元一　数理逻辑 ·· 1

　　任务 1　猜帽子颜色 ·· 1

　　任务 2　下一个数字是什么 ······································ 4

　　任务 3　变化的图形 ·· 7

单元二　几何问题 ··· 10

　测算的应用 ··· 10

　　任务 4　测一测 ··· 10

　　任务 5　距离最短 ··· 14

　　任务 6　植树问题 ··· 18

　三角形方面 ··· 21

　　任务 7　升旗仪式 ··· 21

　　任务 8　楼梯表面铺地毯 ·· 24

单元三　集合问题 ··· 29

　　任务 9　集合的形成 ··· 29

　　任务 10　集合中的计数学问 ····································· 32

单元四　函数问题 ··· 36

　一次函数应用 ··· 36

任务 11　你能长多高 ································· 36

任务 12　商场打折 ································· 40

任务 13　上网的费用 ································· 44

任务 14　旅行社的选择 ································· 48

二次函数应用 ································· 52

任务 15　使利润最大化 ································· 52

任务 16　面积最大 ································· 56

任务 17　如何定价 ································· 60

任务 18　投篮 ································· 64

单元五　数列问题 ································· 70

数列的应用 ································· 70

任务 19　追缴假货 ································· 70

等差数列的应用 ································· 73

任务 20　梯子的设计 ································· 73

任务 21　婚宴上香槟塔的摆放 ················· 76

等比数列的应用 ································· 82

任务 22　分期付款 ································· 82

任务 23　收集废电池 ································· 86

任务 24　算算自己的小储蓄 ················· 91

单元六　排列与组合 ································· 95

排列的应用 ································· 95

任务 25　两种不同的计数方法 ················· 95

任务 26　车票与票价的区别 ················· 99

任务 27　选择班长和副班长 ················· 103

任务 28　拔河比赛时的队形排列 ················· 106

组合的应用 ································· 108

任务 29　分图书 ································· 108

任务 30　辩论赛 ································· 111

单元一

数理逻辑

任务 1　猜帽子颜色

一、问题情境

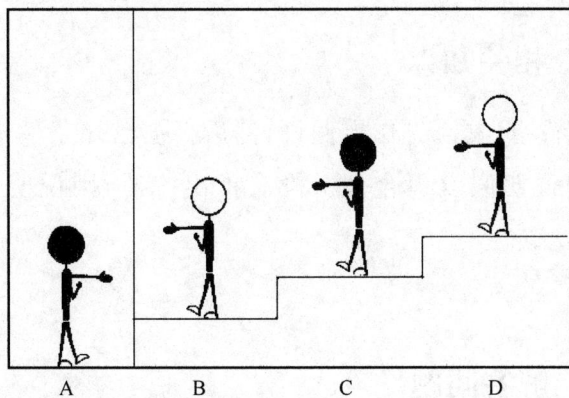

（1）房间里只有 4 个人。

（2）4 个人中 2 个人戴黑色的帽子，2 个人戴白色的帽子。

（3）A 和 B、C、D 之间有墙壁，两边彼此看不见。

（4）4 个人都不知道自己到底戴什么颜色的帽子。

（5）不得把自己的帽子拿下来看。

（6）不得转头去看后面的人，但看得到前面人的帽子颜色。

在外面的老师如此问他们：如果有人已知道自己帽子的颜色，请回答。开始之后一阵子没人回答，但过了不久只有一个人回答且答对了。到底哪个人答对了？

二、问题分析

A 看不到任何人，当然就没法立刻分辨。

B 对着墙壁看不到 A 也看不到后面的人，因此没法分辨。

C 只看到 B，不管看到的是黑还是白，都无法肯定自己戴的是黑帽子还是白帽子。

D 有一种情况：B、C 戴的同色帽子，那 D 就可以很肯定自己戴的是不同色的帽子，但此题 B、C 戴的不是同色帽子，所以 D 也无法判断自己帽子的颜色。

分析的关键在于题中的一句话——"开始之后一阵子没人回答，但过了不久只有一个人回答且答对了，"所以 C 能判断出结果。

三、相关知识

利用假设法解决问题：先作出假设，然后根据已知条件进行正确的推理。如果推出矛盾，则说明假设不合理。没有推出矛盾，则说明假设合理。这种方法我们称为假设法。

四、解答问题

解：假设 B 和 C 是戴一样颜色的帽子，那 D 就能看到他们戴一样颜色的帽子，就会猜到自己的帽子颜色跟 B、C 不一样。假设 D 也不能确定，那就代表 B 和 C 戴的帽子颜色不一样。而 C 又可以看到 B 的帽子颜色,所以 C 就能最先知道自己戴的帽子颜色了。

五、拓展与实践

老师要考查他的 6 个学生是否很聪明,让他们闭上眼睛,给他们每人戴上一顶帽子,告诉他们:你们这 6 顶帽子有三种颜色,你们每个人睁开眼睛都可以看见其他人帽子的颜色,我要你们判断出自己帽子的颜色,如果谁判断出来了就举手告诉大家,否则自己在纸上写出自己帽子的颜色来。

结果是:他们都在纸上写出了自己帽子的颜色,他们是否能真的写对自己帽子的颜色? 为什么?

答案:他们能写对! 因为每个人如果看见其他 5 个人的帽子只有 2 种颜色,他就会举手说出自己帽子是第三种颜色,因为没人举手,说明:每个人 A 都看到三种颜色,5 个人有三种颜色,肯定至少有一个人 B 的帽子颜色跟别人的不一样,就是说另外 4 个人帽子有两种颜色,于是 A 就想:若是我的帽子颜色也是那两种颜色之一,B 就能立刻举手说出自己帽子颜色。现在他没举手,说明他看见了三种颜色——我的帽子颜色不是那两种颜色之一而是和他的帽子颜色相同。于是他就知道并写出了自己帽子的颜色。其他的 5 个人也是这样写对了自己帽子的颜色!

六、作业与训练

1. 甲、乙、丙、丁四个人参加一次数学竞赛,赛后他们四人预测名次如下。

甲说:丙第一,我第三;

乙说:我第一,丁第四;

丙说:丁第二,我第三;

丁没有说话。

最后公布结果时,发现他们每人预测对了一半,请说出竞赛的名次。

2. 现有红、黄、蓝、白、紫五种颜色的珠子各一颗,分别用纸包着,在桌子上排成一行,由甲、乙、丙、丁、戊五人,猜各包内珠子的颜色,每人只许猜两包。

甲猜:第二包是紫的,第三包是黄的;

乙猜:第二包是蓝的,第四包是红的;

丙猜:第一包是红的,第五包是白的;

丁猜:第三包是蓝的,第四包是白的;

戊猜:第二包是黄的,第五包是紫的。

事后,打开纸包,发现每人都只猜对了一包,并且每包都只有一人猜对。问他们五人各猜对的是哪一种颜色的珠子?

任务2 下一个数字是什么

一、问题情境

动动脑,永不老。

$$5+3+2=151022$$
$$9+2+4=183652$$
$$8+6+3=482466$$
$$5+4+5=202541$$

那么:

$$7+2+5=?$$

二、问题分析

所得数字中的最后两位数是解题的难点,可把结果中的前四位的前两位与后两位相加,再减去算式中间的数字进行运算,试一试吧。

三、相关知识

1. 熟记各种数字的运算关系。

如各种数字的平方、立方以及它们的邻居,做到看到某个数字就有感觉,这是迅速准确解好数字推理题材的前提。常见的需记住的数字关系如下:

(1) 平方关系:2-4,3-9,4-16,5-25,6-36,7-49,8-64,9-81,10-100,11-121,12-144,13-169,14-196,15-225,16-256,17-289,18-324,19-361,20-400

(2) 立方关系:2-8,3-27,4-64,5-125,6-216,7-343,8-512,9-729,10-1000

(3) 质数关系:2,3,5,7,11,13,17,19,23,29,…

(4) 开方关系:4-2,9-3,16-4,…

2. 掌握数学逻辑推理方法。

按数字之间的关系,可将数字推理题分为以下 10 种类型。

(1) 和差关系。又分为等差、移动求和或差两种。

• 等差关系:后一项减前一项差相等。

• 移动求和或差:从第三项起,每一项都是前两项之和或差。

(2) 乘除关系。又分为等比、移动求积或商两种。

• 等比:从第二项起,每一项与它前一项的比等于一个常数或一个等差数列。

• 移动求积或商关系:从第三项起,每一项都是前两项之积或商。

(3) 平方关系。

(4) 立方关系。

(5) 分数数列:关键是把分子和分母看作两个不同的数列,有的还需进行简单的通分,则可得出答案。

(6) 带根号的数列。

(7) 质数数列。

(8) 双重数列。

① 每两项为一组。如 1,3,3,9,5,15,7,(21)第一与第二项,第三与第四项每两项后项与前项之比为 3。

② 两个数列相隔,其中一个数列可能无任何规律,但只要把握有规律变化的数列就可得出结果。如:34,36,35,35,(36),34,37,(33)由两个数列相隔而成,一个递增,一个递减。

③ 数列中的数字带小数,其中整数部分为一个数列,小数部分为另一个数列。

(9) 组合数列:最常见的是和差关系与乘除关系组合、和差关系与平方立方关系组合。

(10) 其他数列。

四、解答问题

解:

$$7 \times 2 = 14$$
$$7 \times 5 = 35$$
$$14 + 35 - 2 = 47$$

所以结果:143547。

五、拓展与实践

请思考:1,11,21,1211,111221 下一个数是什么?

规律是:

1

11——表示前一个数"1"是 1 个 1;

21——表示前一个数"11"是由 2 个 1 组成;

1211——表示前一个数"21"是由 1 个 2、1 个 1 组成;

111221——即 11 12 21,表示前一个数"1211"是依次由 1 个 1,1 个 2,2 个 1 组成;

所以结果是:312211——即 31 22 11,表示前一个数"111221"是依次由 3 个 1,2 个 2,1 个 1 组成。

六、作业与训练

请在下面的括号中填上适当的数字。

1. 0,6,24,60,120,(　　　)

2. 1,8,27,(　　　)

3. 66,83,102,123,(　　　)

4. 1,4,9,(　　　),25,36

5. 5,4,10,8,15,16,(　　　),(　　　)

任务3　变化的图形

一、问题情境

开动脑筋：右图问号处应选择哪一个答案？

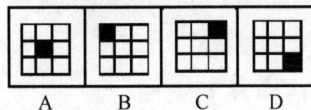

二、问题分析

从图形旋转的角度或图形的数量关系来分析这个题目。

三、相关知识

图形推理的两大灵魂是数量关系和图形转动。牢牢把握住这两点就基本把握了图形推理题目。

四、解答问题

解：有以下两种方法。

方法一：从图形旋转的角度分析这个题目。顺时针方向看，会发现黑色小方框在作顺时针旋转，且中间间隔一个空格。因此答案为 B。

如果选择逆时针方向分析，会发现黑色小方框在作逆时针旋转，最后同样得到答案 B。

方法二：从图形的数量关系分析这个题目。图中含有黑色小方框的图形是成对出现的。也就是说，相同图形有两个，因此答案为 B。

五、拓展与实践

请选出图中问号处正确的一项，并说明理由。

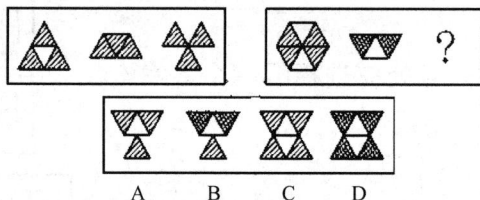

答案：C。

分析：第一个图形上半部分向下翻转一次得到第二个图形，第一个图形的上半部分连续向下翻转两次得到第三个图形。本题考查角度是图形的翻转。

六、作业与训练

请选择问号处正确的选项。

1.

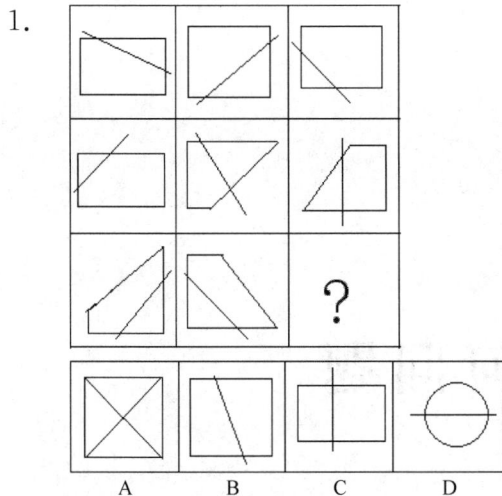

2.

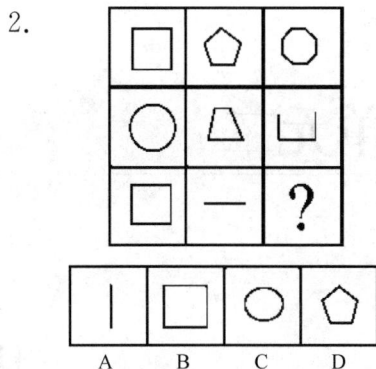

3.

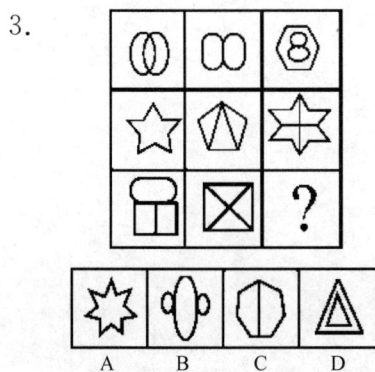

4.

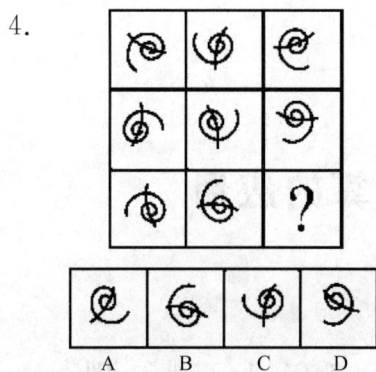

5.

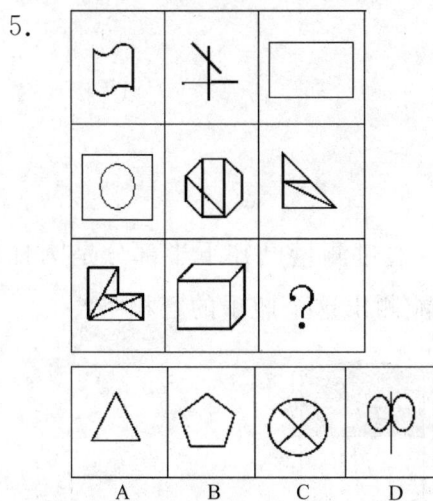

6.

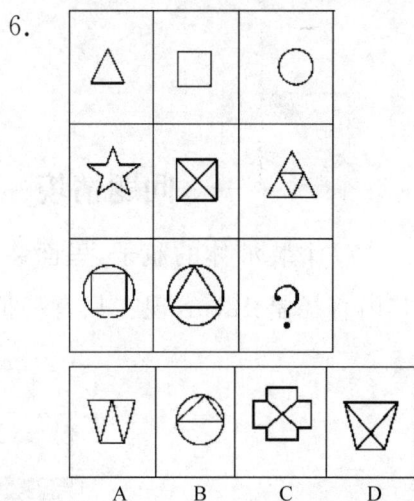

几何问题

测算的应用

任务4　测一测

一、问题情境

一个装液体的瓶子，里面装了一些水，通过测量已知下半部分是圆柱体，其内直径是12cm，现在只有一把直尺，你能测出这个瓶子的容积吗？

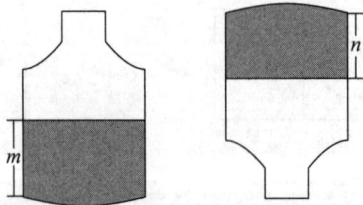

二、问题分析

先测出正放时瓶中水的高度是 m，再将瓶子倒过来，测出其上面空着的瓶高 n，瓶中水的体积加上空着的体积就是瓶中的容积。

三、相关知识

1. 圆柱体的体积等于底面积乘以高：

$$V = \pi \cdot r^2 \cdot h$$

2. 相似图形相似比的问题，相似三角形的相似比的计算：

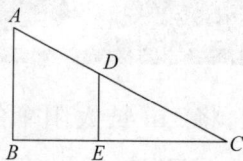

$$\frac{AB}{DE} = \frac{BC}{EC} = \frac{AC}{DC}$$

四、解答问题

解：第一个瓶中的液体容积是：$3.14 \times \left(\dfrac{12}{2}\right)^2 \times m$；

第二个瓶中的空白容积是：$3.14 \times \left(\dfrac{12}{2}\right)^2 \times n$；

整个瓶中的容积是：$3.14 \times \left(\dfrac{12}{2}\right)^2 \times m + 3.14 \times \left(\dfrac{12}{2}\right)^2 \times n$；

这个瓶子的容积：$113.04 \times (m+n)$。

五、拓展与实践

大连星海湾广场矗立着一个别具特色的华表,一位外国游客很感兴趣,手拿一把 1m 长的太阳伞和一把卷尺,想测出它的高度,请你说一说他应该怎么样测?

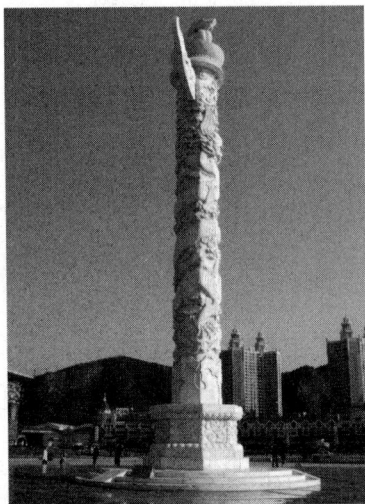

解:当天是有太阳的晴天,将 1m 长太阳伞的杆直立在华表旁的地面上;测出华表的影长 m,测出太阳伞的影长 n。

$$\frac{m}{华表高} = \frac{n}{1}$$

$$华表高 = \frac{m}{n}$$

则华表的高度为 $\frac{m}{n}$ m。

六、作业与训练

1. 一个啤酒瓶的高度为 30cm,瓶中装有高度为 12cm 的啤酒,将啤酒瓶盖盖好后倒置,这时瓶中水面高度为 20cm,则瓶中液体的体积和瓶子的容积之比为多少(瓶底厚度不计)?

2. 科学家研究表明,当人的下肢长与身高之比为 0.618 时,看起来最美,某成年女士身高为 153cm,下肢长为 92cm,该女士穿的高跟鞋鞋跟的最佳高度约为_____cm(精确到 0.1cm)。

3. 小李家住房的结构如下页图所示,小李打算把卧室和客厅铺上木地板。请你帮他算一算,他至少需买多少平方米的木地板?

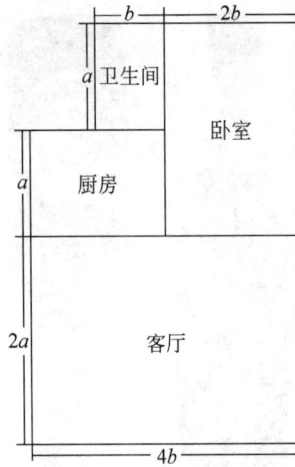

任务 5　距离最短

一、问题情境

在一条街道旁边要建造一个牛奶供应站,向居民区 A、B 提供牛奶。问奶站应建在什么地方才能使从 A、B 居民区到达牛奶供应站的距离之和最短。并说明理由。

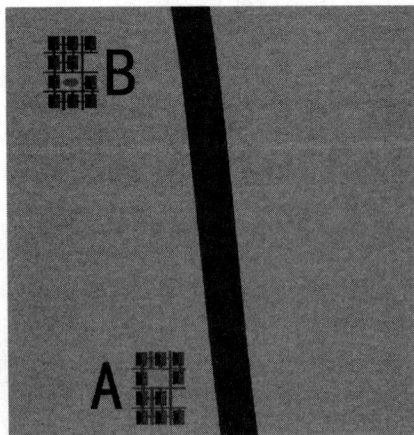

二、问题分析

设两居民区分别用点 A、B 表示,牛奶供应站用点 C 表示。要使 $|AC|+|BC|$ 最短,联结 AB' 交街道于 C 点,其中 B' 是 B 点相对于街道的对称点。

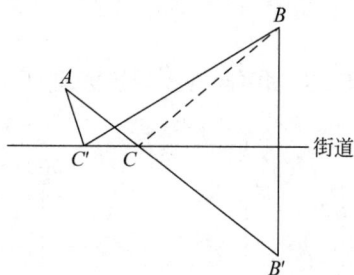

三、相关知识

1. 直角坐标系中点的对称问题。

设 $P(x,y)$ 是坐标系中任意点,则:

$P(x,y)$ 关于 x 轴的对称点是 $P(x,-y)$;

$P(x,y)$ 关于 y 轴的对称点是 $P(-x,y)$;

$P(x,y)$ 关于原点的对称点是 $P(-x,-y)$。

2. 任意三角形中三边的关系:

任意两边之和都大于第三边;

任意两边之差都小于第三边。

四、解答问题

解：找出 B 点关于街道的对称点 B',联结 AB' 交街道于 C;则在 C 点建奶站,它到 A、B 居民区的路程最短。

想一想：假设 C' 在街道的另一个位置,则 $|AC'|+|BC'|>|AC|+|BC|$。你能说明吗?

五、拓展与实践

如果在上面的问题中,我们将街道及两个居民区 A、B 放在直角坐标系中,分别用点 A、B 表示,街道看成是 x 轴,$A(-2,2)$,$B(4,1)$,你能确定点 C 的位置吗?

同样道理,找出对称点 B',联结 AB',交 x 轴于 C 点即可。

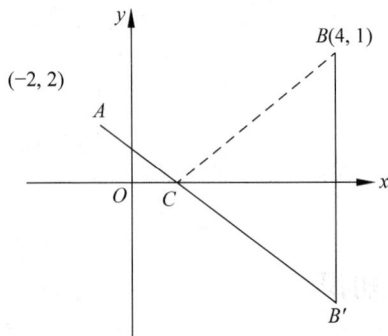

解:$B(4,1)$ 关于 x 轴的对称点是 $B'(4,-1)$,由 A、B' 两点确定的一次函数设为 $y=kx+b$;将点 $(-2,2)$,$(4,-1)$ 代入函数中,

$$\begin{cases} 2=-2k+b \\ -1=4k+b \end{cases} \Rightarrow \begin{cases} k=-\dfrac{1}{2} \\ b=1 \end{cases} \Rightarrow y=-\dfrac{1}{2}x+1$$

点 C 设为 $(x,0)$,代入一次函数中,得:$x=2$,则点 C 为 $(2,0)$;故奶站设在 $(2,0)$ 位置上,它到两居民区的距离最近。

六、作业与训练

1. 在一条铁路旁建立一个停站点 C,使得从它到两个村子 A、B 的距离最近。设 A、B 的位置为 $A(-5,1)$、$B(2,3)$,铁路为 x 轴,试求出点 C 位置。

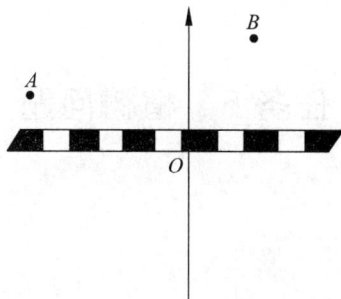

2. 一条大河经过两个村子 A、B 附近。政府决定在河边建一个水站。为了使 A、B 两村的居民能方便地到水站打水，水站应到 A、B 的距离和最近。请问：如何建立这个水站？大河经过的方向为一条与 x 轴正方向成 $45°$ 角的直线方向。B 村的坐标为 $(0,10)$，A 村的坐标为 $(-7,0)$。求建立水站 C 的坐标。

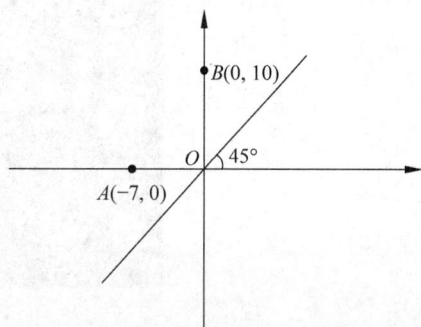

3. 为了测量河的宽度，要测量河两岸相对的两点 A、B 的距离，可以在点 B 出作 AB 的垂线 BF，并取两点 C、D，使 $CD=BC$，再定出 BF 的垂线 DE，使 A、C、E 在同一条直线上，这时测得 DE 的长就是 AB 的长。请说明为什么？

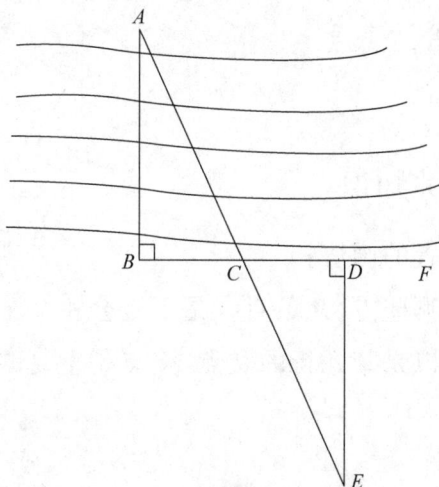

任务6 植树问题

一、问题情境

植树节期间,大连商业学校 2007 级某班的同学打算在校园附近的山坡上种植 9 棵小松树,平均分成了 3 行,每行 4 棵。他们应该怎么种呢?请你帮助设计一下。

二、问题分析

9 棵小松树排成 3 行,每行 4 棵,看起来矛盾,其实不然。因为每一棵树都可以是某几行的交点。

三、相关知识

1. 几何中点线位置的画法;

2. 研究直线通过哪些点、几条直线是不是会相交于一点;

3. 每一个点都可以是某几行的交点,交点是重复的。

四、解答问题

答：9棵树种成一个三角形就有3行,而且每行4棵。只要按下列的几种图形种,都能做到9棵小松树分成3行,每行4棵。

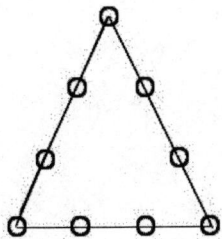

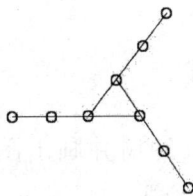

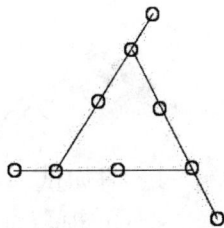

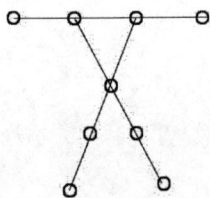

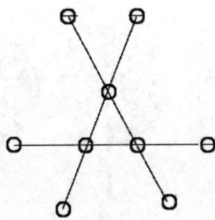

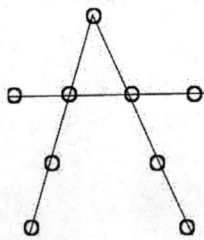

五、拓展与实践

植树节,同学们在一段公路的一侧种树,每隔10m种一棵树,他们一共种了312棵树,这段新公路长是多少米?

答：两棵树之间只有一个间隔长10m;

3棵树之间有2个间隔,长20m;

4棵树之间有3个间隔,长30m;

照这样推算下去,312棵树之间应该有311个间隔,

总长应该是3110m。

所以,这段公路的长是3110m。

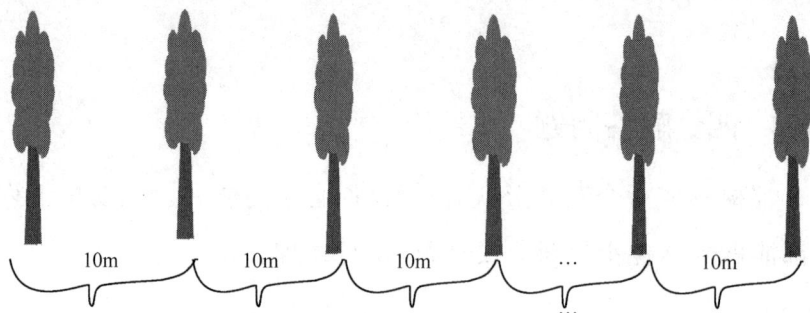

10m   10m   10m   ...   10m

六、作业与训练

1. 请你试一试,按下列要求种树并画出图形。

(1) 6 棵树种成 4 行,每行 3 棵;

(2) 9 棵树种成 8 行,每行 3 棵;

(3) 12 棵树种成 4 行,每行 4 棵。

2. 学校准备美化校园,征求各种方案,但有一个原则:一共 10 棵桃树,排 5 行,每行 4 棵。五个班各提出了一个方案,这五个方案各有千秋。你能举出五种不同的方案吗?

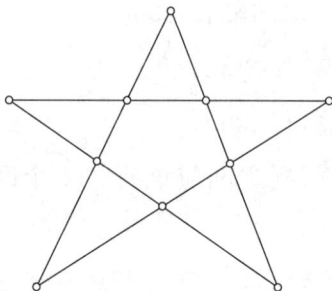

3．2008 年 7 月 19 日，奥运火炬大连站传递——在美丽的金石滩国家旅游度假区举行，208 位火炬手，每人行进距离 46m，起点、终点和交接点都各有一面红旗作为标志，应放多少面红旗？祥云火炬在大连共传递了多少千米？

三角形方面

任务7　升旗仪式

一、问题情境

某校星期一举行升旗仪式时，一位同学站在与旗杆底部 F 相距 18m 的 E 处行注目礼，国旗随国歌歌声冉冉升起，当国旗升至最高处时，这位同学目视国旗的仰角是 30°（该同学眼睛距离地面高度 AE 为 1.6m）。求旗杆 CF 的高度大约是多少米（精确到 0.1m）。

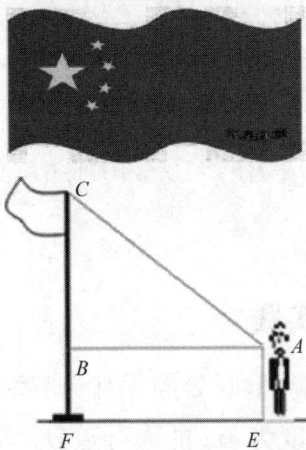

二、问题分析

在直角三角形中,边与角之间通过锐角三角函数建立了联系,已知角的三角函数值,就可以得出边的关系。

根据已知,先解已具备条件的三角形,再进一步解出要求的问题。

三、相关知识

1. 直角三角形的边角关系:

$$\sin A = \frac{BC}{AC}, \quad BC = AC \times \sin A$$

$$\cos A = \frac{AB}{AC}, \quad AB = AC \times \cos A$$

$$\tan A = \frac{BC}{AB}, \quad BC = AB \times \tan A$$

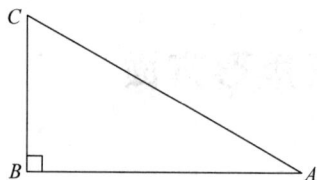

2. 三角函数值的使用: $\sin 30° = ?$ $\cos 30° = ?$ $\tan 30° = ?$

供选用($\sqrt{3} = 1.732$)

四、解答问题

解:

$$Rt\triangle ABC, \quad \angle ABC = 90°$$

$$\angle BAC = 30°, \quad AB = EF = 18$$

$$BC = AB\tan 30° = 6\sqrt{3} \approx 10.39$$

$$CF = CB + BF = 10.39 + 1.6 \approx 12.0(m)$$

五、拓展与实践

如下页图,某市内三角形 ABC 公园旁有一空地,空地周围有三条宽度均为16m的公路 a、b、c 和一条宽度为4m的人行道 d。李某想在这块空地上建一个

占地面积不小于 $1800m^2$ 的商场,测得 $a \perp b, a \perp d, AB = 60m, BC = 45m, DE = 84m$,请你帮李某算一算这块空地的面积(图中阴影部分的面积)。他是否满意?

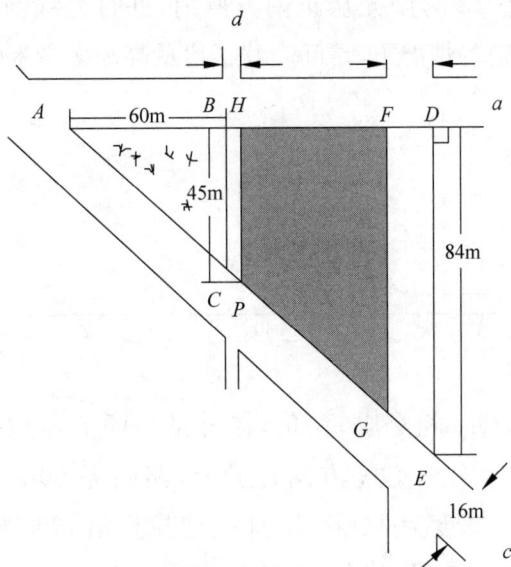

解:

$$\frac{60}{45} = \frac{AD}{84}, \quad AD = 112$$

$$FH = AD - AB - HB - DF = 32$$

$$AF = AD - DF = 112 - 16 = 96$$

$$\frac{60}{45} = \frac{96}{FG}, \quad FG = 72$$

$$\frac{64}{HP} = \frac{96}{FG}, \quad HP = 48$$

$$S_{阴} = \frac{(HP + FG) \times FH}{2}$$

$$= \frac{(48 + 72) \times 32}{2} = 1920(m^2)$$

因此,李某满意。

六、作业与训练

1. 为解决楼房之间挡光问题,某地区规定:两幢楼之间的距离至少为

40m，中午 12 时不能挡住阳光。

如下图，某旧楼的一楼窗台高 1m，要在此楼正南方 40m 处再建一幢新楼。已知该地区冬天中午 12 时阳光从正南方照射，并且光线与水平线的夹角最小为 30°。在不违反规定的情况下，请问新建楼房最高为多少米(结果精确到 1m)？

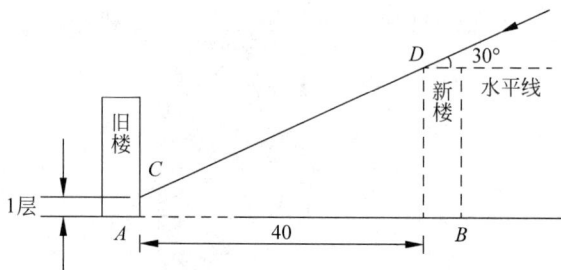

2. 两公路 OM、ON 相交成 30°角，在公路 OM 上，距 O 点 80m 的 A 处有一所小学，当拖拉机沿公路 ON 方向行驶时，路两旁 50m 以内会受到噪音的影响。已知拖拉机的速度为 18km/h，那么拖拉机沿 ON 方向行驶时，是否会给小学带来噪音影响？若受影响，计算影响时间。

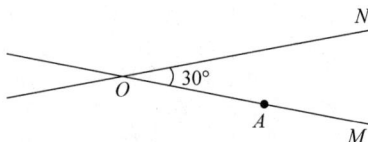

任务 8　楼梯表面铺地毯

一、问题情境

在高 2m，斜坡面与地平面夹角为 30°的楼梯表面铺地毯，楼梯宽 2m，地毯每平方米造价 200 元，问铺好地毯至少需要多少元(长度精确到 0.1m)？

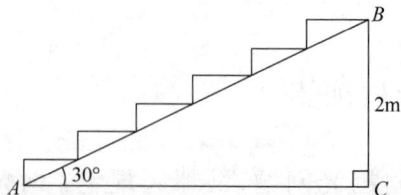

二、问题分析

不难看出,地毯总长度等于 $AC+BC$ 的长度,因此只需求出地毯的总长,就可以求出地毯的面积,从而求出价格。地毯的长度应少于楼梯水平宽度与垂直高度之和。转化,在 $Rt\triangle ABC$ 中是解题的关键。

三、相关知识

1. 实际问题要构建图形;找出问题中的隐含条件,要善于分析图形的实质。

2. 特殊角的三角函数值如下表所示。

α 角度	30°	45°	60°
$\sin\alpha$	$\dfrac{1}{2}$	$\dfrac{\sqrt{2}}{2}$	$\dfrac{\sqrt{3}}{2}$
$\cos\alpha$	$\dfrac{\sqrt{3}}{2}$	$\dfrac{\sqrt{2}}{2}$	$\dfrac{1}{2}$
$\tan\alpha$	$\dfrac{\sqrt{3}}{3}$	1	$\sqrt{3}$
$\cot\alpha$	$\sqrt{3}$	1	$\dfrac{\sqrt{3}}{3}$

3. 用计算器或数学用表计算一般锐角的三角函数值。

如:$\sin 12°$,$\cos 65°$,$\tan 22°18'$。

4. 费用的计算:总造价费用=面积×单价。

四、解答问题

解:

$$Rt\triangle ABC \text{ 中}, \quad \angle A = 30°, \quad BC = 2\text{m}$$

$$AB = \frac{BC}{\sin 30°} = \frac{2}{\sin 30°} = 4(\text{m})$$

$$AC = \sqrt{4^2 - 2^2} = 2\sqrt{3}(\text{m})$$

$$AC + BC = 2\sqrt{3} + 2 \approx 5.5(\text{m})$$

则地毯的总造价为

$$5.5 \times 2 \times 200 = 2200(\text{元})$$

五、拓展与实践

大连某公园入口处原有三级台阶，每级台阶高为 20cm，宽为 30cm。为方便残疾人士，拟将台阶改为斜坡，设台阶起点为 A，斜坡起点为 C，将斜坡度 $\angle BCA$ 设计为 $12°$，求 AC 的长度（精确到 1cm）。

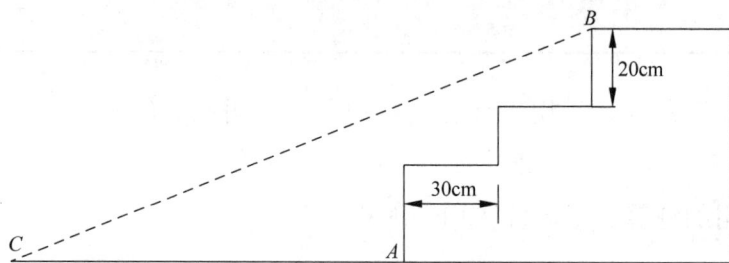

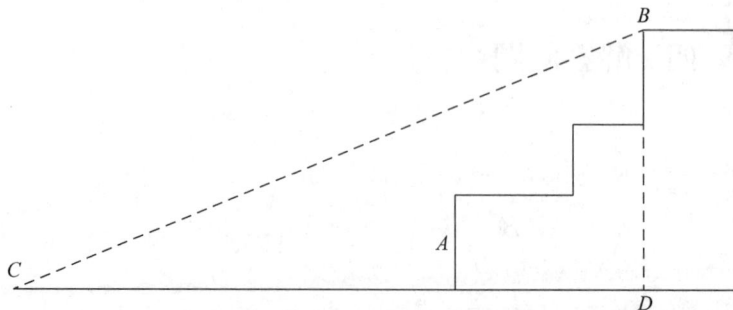

解：在△BCD中,过点 B 作 $BD \perp AC$ 于 D,则

$$BD = 60\text{cm}, \quad AD = 60\text{cm}$$

$$CD = \frac{BD}{\tan 12°} = \frac{60}{\tan 12°} \approx 282.3(\text{cm})$$

$$AC = CD - AD = 282.3 - 60 = 222.3 \approx 222(\text{cm})$$

所以 AC 的长度为 2.22m。

六、作业与训练

1. 在高为 2.5m,坡角为 45°的楼梯表面铺上地毯,则地毯的长度至少需要(　　)m。

　　A. 2.5　　　　　　B. 5　　　　　　C. 3.7　　　　　　D. 10

2. 身高相同的甲、乙、丙三人放风筝,每个人放出的线长分别为 300m,250m,200m,线与地面所成的角分别为 30°,45°,60°(假设风筝线是拉直的)。问三人所放的风筝中,谁的最高?

3. 一个长为 10m 的梯子斜靠在墙上,梯子的顶端距地面的垂直距离为 8m。如果梯子的顶端下滑 1m,那么梯子的底端滑动多少米?

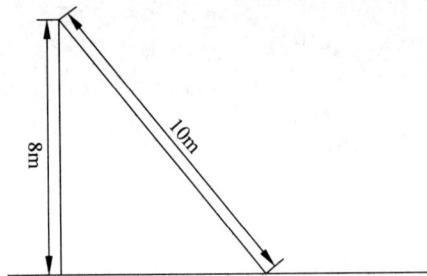

集 合 问 题

任务9　集合的形成

一、问题情境

（1）著名的数学家；

（2）大连商业学校 2013 级在校的高个子学生；

（3）不超过 20 的非负数；

（4）太阳系的全体行星；

（5）本班比较聪明的学生；

（6）数轴上非常接近原点的点。

问：上述每组对象能否构成一个集合？

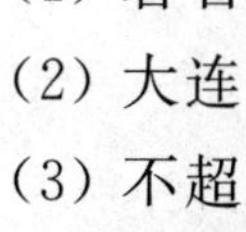

二、问题分析

从问题的条件出发，判断某些对象是否构成集合，关键在于看是否满足集合中的三个性质：确定性、互异性、无序性，再根据集合中元素的个数，确定有限集合和无限集合。

三、相关知识

1. 集合的概念

集合：把一些确定的对象看作一个整体，就形成了一个集合。一般用大写字母 $A,B,C,\cdots$ 表示。

元素：集合中的每个对象称为元素，一般用 $a,b,c,\cdots$ 表示。

注：元素和集合之间是属于关系：$\in$ 或 $\notin$。

2. 集合的三个性质

(1) 确定性：给定一个集合 A，一个元素 a；

a 是 A 中的元素，记为 $a \in A$；

a 不是 A 中的元素，记为 $a \notin A$。

注：① a 或者是 A 的元素，或者不是 A 的元素，二者必具其一，不能模棱两可；

② 如：高个子同学的全体；有趣的书……不能构成集合（不确定性）。

(2) 互异性：集合中的元素互不相同，如 $\{2,3,2,4,3\}$ 构不成集合。

(3) 无序性：$\{1,2,3\}=\{2,1,3\}$。

3. 集合的分类

有限集合：有限个元素组成的集合称为有限集合。

无限集合：无限个元素组成的集合称为无限集合。

单元素集：只含有一个元素的集合称为单元素集，记作 $\{a\}$。

空集：不含任何元素的集合称为空集，记作 $\varnothing$。

4. 常见的几种数集

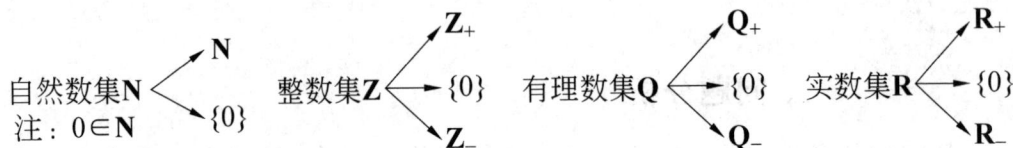

自然数集 **N** $\begin{cases} \textbf{N} \\ \{0\} \end{cases}$ 注：$0 \in \textbf{N}$

整数集 **Z** $\begin{cases} \textbf{Z}_+ \\ \{0\} \\ \textbf{Z}_- \end{cases}$

有理数集 **Q** $\begin{cases} \textbf{Q}_+ \\ \{0\} \\ \textbf{Q}_- \end{cases}$

实数集 **R** $\begin{cases} \textbf{R}_+ \\ \{0\} \\ \textbf{R}_- \end{cases}$

5．集合的表示法

（1）列举法：把集合中的元素一一列举出来，写在大括号内的方法称为列举法，如 $\{a,b,c,d\}$。

（2）描述法：用集合特征表示集合的方法称为描述法。

① 文字描述。例如，"苹果"集合可以表示为 $\{$苹果$\}$。

② 数学式描述，$\{x\,|\,x$ 具有的性质$\}$。如 $\{x\in\mathbf{R}\,|\,x\geqslant 3\}$。

四、解答问题

答：（1），（2），（5），（6）的元素不能确定，不能构成集合；

（3），（4）的元素是确定的，能构成集合；

其中（3），任给一个实数 x，可以明确地判断是不是在 $0\leqslant x\leqslant 20$ 中。

五、拓展与实践

判断下列说法是否正确，并说明理由。

（1）$1,1.5,\dfrac{1}{2},\dfrac{6}{4},\left|-\dfrac{1}{2}\right|$，这些数组成的集合有几个元素；

（2）"全体户口在大连市的公民"是有限集合；

（3）集合 $\mathbf{N}$ 中最小的元素是 1；

（4）$-a\in\mathbf{N}$，则 $a\in\mathbf{N}$；

（5）$x^2+4=4x$ 的解集有一个元素；

（6）用列举法表示$\{$绝对值不大于 2 的整数$\}$。

答：

（1）错；不构成集合；$\left|-\dfrac{1}{2}\right|=\dfrac{1}{2}$，$1.5=\dfrac{6}{4}$ 两个元素重复了。

（3）错；集合 $\mathbf{N}$ 中最小的元素是 0。

（4）错；$a\geqslant 1$ 时，不成立。

（2）、（5）、（6）正确。

六、作业与训练

下面给出的对象中,能构成集合的是哪些? 他们是有限集合,还是无限集合?

1. 全体正三角形;
2. 图书馆中比较有趣的书;
3. 大于 10 的所有自然数组成的集合;
4. 方程 $x^2-4=0$ 的解集;
5. 太阳系中的所有行星;
6. 某班个子高的同学。

任务 10　集合中的计数学问

一、问题情境

大连商业学校 2011 级某班,有学生 45 人,其中音乐爱好者 33 人,体育爱好者 39 人,爱好体育又爱好音乐者有 31 人。

试求:

(1) 班级中爱好音乐或爱好体育者有多少人?

(2) 两者都不爱好的有几人?

二、问题分析

依据题设条件设定集合,将问题转化为集合问题,借助于文氏图(Venn图)法求有限集合的交集、并集中元素的个数,采用数形结合的思想方法,使问题直观、形象化,使抽象的集合问题灵活、简洁、准确地获解。

三、相关知识

1. 交集：集合 A 与集合 B 所有公共元素所组成的集合叫 A 与 B 的交集，记作 $A\cap B$。

2. 并集：集合 A 与集合 B 所有元素合并在一起所组成的集合叫 A 与 B 的并集，记作 $A\cup B$。

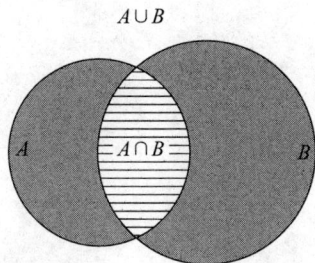

3. 在实际问题中，经常遇到有限集中的元素的个数问题，通常用 $n(A)$ 表示集合 A 中元素的个数。

$$n(A \cup B) = n(A) + n(B) - n(A \cap B)$$
$$n(A \cap B) = n(A) + n(B) - n(A \cup B)$$

四、解答问题

解：设 $A=\{$音乐爱好者$\}$，$B=\{$体育爱好者$\}$。

$A\cap B=\{$爱好体育又爱好音乐者$\}$

$A\cup B=\{$爱好音乐或爱好体育者$\}$

$n(A)=33$，　$n(B)=39$，　$n(A\cap B)=31$

那么，

$$n(A\cup B)=n(A)+n(B)-n(A\cap B)=33+39-31=41$$

既不爱好体育又不爱好音乐者为 $45-41=4$。

答：该班爱好体育或爱好音乐者有 41 人，既不爱好体育又不爱好音乐者为 4 人。

五、拓展与实践

某学生在寒假期间观察了 x 天的天气情况,其结果是:①共有 7 天上午是晴天;②共有 5 天下午是晴天;③共下了 8 次雨,在上午或下午;④上午下雨的那天,下午是晴天,求 x。

解:设观察了 x 天。

上午　晴天:7;雨天:$x-7$。

下午　雨天:$x-5$;晴天:5。

$$(x-7)+(x-5)=8$$
$$x=10$$

答:共观察了 10 天。

六、作业与训练

1. 大连商业学校 2013 级某班学生,参加学校的社团活动,参加计算机维修组的 27 人,参加咖啡组的 25 人,参加插花组的 27 人,其中 10 人参加维修和插花小组,7 人参加插花和咖啡小组,11 人参加咖啡和计算机小组,4 人同时参加三个小组。求全班人数。

2. 在 50 个学生中,会讲英语有 36 人,会讲日语的 20 人,既不会讲英语又不会讲日语的有 8 人,则既会讲英语又会讲日语的人数为多少?

3. 在某市场物价检查中发现,因价格过高或质价不符而违反政策的有 107 种商品,其中 64 种定价过高,59 种质价不符,问两方面都违反政策的有几种?

函 数 问 题

一次函数应用

任务 11　你能长多高

一、问题情境

据报道,一位医生研究得出由父母身高预测子女身高的公式:若父亲身高为 a m,母亲身高为 b m,则儿子成年后的身高$=\dfrac{a+b}{2}\times 1.08$m,女儿成年后身高$=\dfrac{0.923a+b}{2}$m。女学生王燕的父亲身高为 1.75m,母亲身高为 1.62m,试预测王燕成年后的身高。

二、问题分析

根据实际题目问题,用身高公式解答问题,建立应用数学知识解决实际问题的意识,体现出数学在实际生活中的应用价值。

同学们,用上述公式算一算你自己的成年身高是多少呢?

三、相关知识

1. 身高公式:

$$男孩成年身高\ h=\dfrac{a+b}{2}\times 1.08$$

$$女孩成年身高\ h=\dfrac{0.923a+b}{2}$$

2. 正比例函数:

$$y=kx(k\neq 0)$$

3. 一次函数:

$$y=kx+b(k\neq 0)$$

四、解答问题

解:因为 $a=1.75$,$b=1.62$,王燕同学是女生,所以预测她的身高为

$$h=\dfrac{0.923a+b}{2}=\dfrac{0.923\times 1.75+1.62}{2}\approx 1.6176$$

答:身高约为 1.6176m。

五、拓展与实践

星期天,张老师提着篮子(篮子重 0.5 斤)去集市买 10 斤鸡蛋,当张老师往篮子里捡称好的鸡蛋时,发觉比过去买 10 斤鸡蛋时个数少很多,于是她将鸡蛋装进篮子再让摊主一起称,共称得 10.55 斤,即刻她要求摊主退 1 斤鸡蛋的钱,她是怎样知道摊主少称了大约 1 斤鸡蛋呢(精确到 1 斤)? 请你将分析过程写出来。由此你受到什么启发(简要叙述出来)?

解:

方法一:设摊主称鸡蛋重量 x 斤,鸡蛋实际重量 y 斤。

鸡蛋实际重量 y 斤是摊主称鸡蛋重量 x 斤的正比例函数,又因为篮子(实际重)=0.5 斤,鸡蛋+篮子(称重)=10.55 斤。

$$篮子重=10.55-10=0.55(斤)$$

所以

$$y=\frac{0.5}{0.55}x$$

因为 $x=10,y=\frac{0.5}{0.55}\times 10\approx 9$(斤),所以摊主少称了 1 斤鸡蛋。

方法二:设摊主称 10 斤鸡蛋重 x 斤。

$$\frac{x}{10}=\frac{0.5}{10.55-10}$$

$$x\approx 9$$

答:摊主少称了 1 斤鸡蛋。

六、作业与训练

1. 将大拇指与小拇指尽量张开时两指尖的距离称为指距,某项研究表明,一般情况下,人的身高 h 和指距 d 之间有关系式 $h=ad+k$,下表是测得一些人的指距与身高的一组数据。

指距 d(cm)	20	21	22	23
身高 h(cm)	160	169	178	187

(1) 求 a, k 的值；

(2) 若某人身高为 180cm, 他的指距估计是多少(保留 1 位小数)?

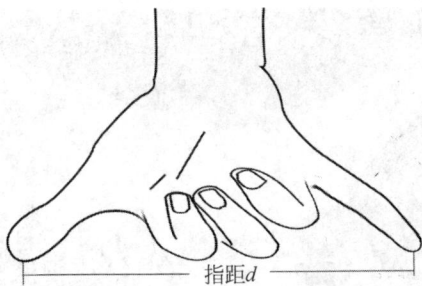

指距 d

2. 小明带了 18 元钱去菜场买东西, 已经买了每千克价格为 2.4 元的饺子皮 2.5kg, 还需要买每千克价格为 16 元的肉馅, 要使所带的钱够用, 你认为小明买肉馅的重量应控制在什么范围以内?

3. 据有关记录显示, 婴儿在刚出生后 1～6 个月间体重增加最快, 平均每月可增加 700～800g(包括 700g、800g), 设婴儿在出生后 1～6 个月内平均每月体重增加 x g, 用不等式表示 x 的范围并把它表示在数轴上。

4. 你吃过"手拉面"吗？如果把一个面团拉开，然后对折再拉开，再对折再拉开，这样对折再拉开 10 次，会拉出多少根面条？

任务 12　商场打折

一、问题情境

大连市西安路百盛商场为了促销，在 2008 年春节期间（1 月 11 日至 2 月 5 日）进行大型抽奖活动，凡当日购满 208 元，可抽奖券一张，满 416 元可抽奖券 2 张，以此类推，天天开大奖，每天奖项设置如下表所示。

奖项 ＼ 奖级	一等奖	二等奖	三等奖	四等奖
奖品	海尔笔记本电脑 1 台	海尔冰箱 1 台	MP4 播放器 1 台	啤酒 1 打
金额	4999 元	1250 元	278 元	24 元
中奖人数	1 名	3 名	15 名	200 名

每天按 5000 张奖券计算(保守估算,每天平均约 5000 张),若不进行抽奖活动,所有商品均打 9 折,试分析对商家来说是打折有利还是有奖销售有利?

二、问题分析

在市场经济的形势下,处处存在着数学问题,运用数学知识去分析、比较,借助不等式及一次函数的知识使实际问题获得解决,从而选择对我们有利的购物方案或对商家有利销售方案。

通过不等式知识,比较相关量大小,使问题获解。

三、相关知识

1. 一次函数的定义:

$$y = kx + b \quad (k \neq 0, x \in \mathbf{R})$$

2. 不等式比较大小:

$$a - b > 0 \Leftrightarrow a > b$$
$$a - b < 0 \Leftrightarrow a < b$$
$$a - b = 0 \Leftrightarrow a = b$$

四、解答问题

解:(1) 有奖销售。

$$208 \times 5000 = 104(万元)$$

每天按 5000 张奖券计算,销售额为 104 万元;

而打 9 折销售:每 5000 张奖券,让利给顾客 10.4 万元。

(2) 累积奖金总额为 17719 元 = 1.7719 万元,即让利给顾客 1.7719 万元。

二者比较:因为 1.7719 万元 < 10.4 万元,所以商店进行有奖销售,让利的资金少而奖金额高,中奖面宽对顾客的诱惑力反而比打折更大,所以生意更红火。

五、拓展与实践

甲、乙两家超市以相同的价格出售同样的商品,推出不同的优惠方案(见下表)。

	累计购物超出(元)	超出优惠
甲	300 元之后	8 折
乙	200 元之后	8.5 折

问:设顾客预计累计购物为 x 元($x>300$)。顾客到哪家超市购物更优惠?

解:设 y 为顾客购物费用(元)。

$y_甲$:顾客在甲超市的购物费用(元);

$y_乙$:顾客在乙超市的购物费用(元)。

则 $y_甲=0.8x+60$, $y_乙=0.85x+30$

若:$y_甲=y_乙$,解得:$x=600$;

若:$y_甲>y_乙$,解得:$300<x<600$;

若:$y_甲<y_乙$,解得:$x>600$。

答:当 $x=600$ 时,两家超市同样费用;当 $x>600$ 时,甲超市优惠;当 $300<x<600$ 时,乙超市优惠。

六、作业与训练

1. 某商店为了招揽顾客,实行打折优惠销售,所有商品均打 9 折,实行一段时间后,又改为有奖销售,每购货 100 元发奖券 1 张,每 10000 张奖券设一等奖一个,奖金 1000 元;二等奖 10 个,各奖 500 元;三等奖 100 个,各奖 100 元;鼓励奖 1000 个,各奖 5 元。试分析对于商家来说,是打折有利还是有奖销售有利。

2. 某同学在 A、B 两家超市发现他看中的随身听和书包的单价相同,随身听和书包的单价之和为 452 元,且随身听的单价比书包的单价的 4 倍少 8 元。恰好赶上商家促销,超市 A 所有商品打 8 折销售,超市 B 全场购物满 100 元返购物券 30 元销售(不足 100 元不返券,购物券全场通用),但他只带了 400 元钱。

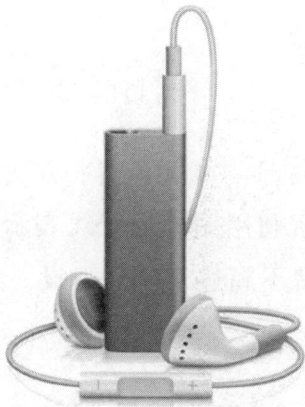

问:在哪一家购买更省钱?

3. 某商场文具部的某种毛笔,每支售价 25 元,书法练习册每本售价 5 元,该商场促销有两种优惠方法。

甲:买 1 支毛笔赠送 1 本书法练习册;

乙:按购买金额打 9 折付款。

某校欲为书法兴趣小组购买这种毛笔 10 支,书法练习本 x 本($x \geqslant 10$)。

(1)写出每种优惠办法,实际付款金额 y 元、z 元的关系式。

(2)比较购买同样多的书法练习本时,按哪种优惠办法付款更省钱。

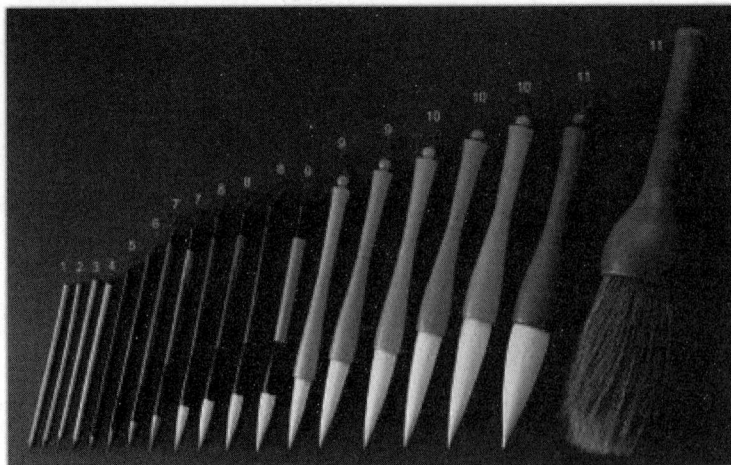

任务 13   上网的费用

一、问题情境

用户交纳上网费的方法有三种。方法一：每月 100 元包月；方法二：每月上网时间 x（小时）与上网费 y（元）的函数关系利用图中的折线表示；方法三：以 0 小时为起点，每小时收费 1.5 元，月收费不超过 120 元。设一用户每月上网 x 小时，月上网费为 y 元。

（1）根据下图，写出方法二中 y 与 x 的函数关系式；

（2）若此用户每月上网 60 小时，选用哪种方法上网费用最少？最少费用是多少？

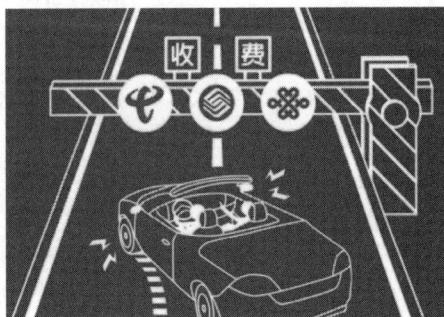

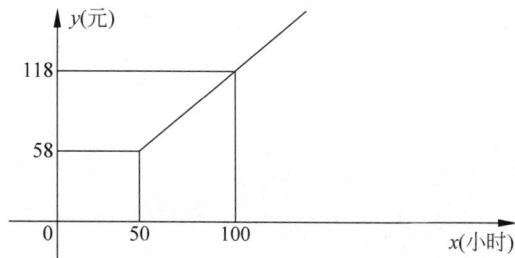

二、问题分析

从实例出发理解数学问题,将复杂问题简单化,应用数学的一次函数知识,建立一次函数关系式问题将得到解决。

三、相关知识

1. 一次函数的定义:

$$y = kx + b \quad (k \neq 0, x \in \mathbf{R})$$

2. 一次函数图像:图像是一条直线。

3. 一次函数的待定系数法:根据已知条件求系数 k、b。

四、解答问题

解:由题意可知,方法二中 y 与 x 的函数关系为一次函数,且图像过点 $(50,58)$,$(100,118)$。

(1) 设一次函数:

$$y = kx + b$$

因为

$$\begin{cases} 50k+b=58 \\ 100k+b=118 \end{cases}$$

所以

$$\begin{cases} k=1.2 \\ b=-2 \end{cases}$$

所以

$$y = 1.2x - 2$$

（2）方法一：$y = 100$ 元；

方法二：$y = 1.2x - 2 = 1.2 \times 60 - 2 = 70$（元）；

方法三：$y = 1.5x = 1.5 \times 60 = 90$（元）；

所以选方法二，最少费用为 70 元。

五、拓展与实践

某城市有三家电信公司对计算机上网提供了各自的付费方式：甲公司按实际用时数付费，每小时付信息费 3 元，另每小时加付电话费 1.5 元；乙公司是包月制，每月付信息费 90 元，同样加付电话费 1.5 元/小时；丙公司也是包月制，每月付信息费 140 元，但不必再付电话费。

（1）设计算机上网时间为 x（小时），甲、乙、丙三家公司付费为 y_1（元）、y_2（元）、y_3（元），求 y_1、y_2 与 x 之间的函数关系式。

（2）某用户为选择合适的付费方式，连续记录了一周中每天上网所用的时间。

星期	一	二	三	四	五	六	日
上网时间（分）	44	45	41	42	47	85	46

请根据以上数据，帮助该用户选择一家比较合适的电信公司（每月按 30 天计算）。

解：因为（1）根据题意，上网时间为 x 小时。

则
$$y_1 = (3+1.5)x = 4.5x$$
$$y_2 = 1.5x + 90$$

（2）平均每天上网时间（分）为：

$$\frac{40+52+38+42+47+85+46}{7} = 50（分）$$

平均一个月上网时间（小时）为：

$$\frac{50 \times 30}{60} = 25（小时）$$

所以
$$y_1 = 4.5 \times 25 = 112.5（元）$$
$$y_2 = 1.5 \times 25 + 90 = 127.5（元）$$
$$y_3 = 140 元$$

所以选择甲公司。

六、作业与训练

1. 某地电话交费方式有两种：

（1）免交月租费；通话每分钟 0.25 元，每月基本消费 15 元。

（2）交月租费；每月月租费 18 元，通话每分钟 0.10 元。

请你算一算每月通话时间为 100 分钟和 200 分钟时选择哪种交费方式合适。

2. 某市电信规定，互联网拨号上网用户资费如下表所示。

方式 \ 项目	基本费	网络使用费	通信费
"953"	0	0.04 元/分	0.02 元/分
"169"	10 元/月	1 元/小时	0.02 元/分

（1）若某用户以"953"方式上网，上网多长时间，月网络使用费达 100 元；

（2）分别写出以"953"方式、"169"方式上网的月上网费 y（元）与月上网

时间 x(小时)的函数关系式;

（3）若某用户月平均上网时间为 120 小时,试问他用哪种上网方式更合适?

注:

（1）基本费为用户每月固定交纳的网络使用费,基本费包含一定量的网络使用时间,用户每月网络使用费不超过基本费的,只收基本费;如每月网络使用费超过基本费的,同时加收超过基本费的部分。

（2）月上网费＝月基本费＋月网络使用费＋月通信费。

任务 14　旅行社的选择

一、问题情境

某校某班班主任带领学生去冰峪沟旅游,古莲旅行社说:给每位师生 7.5 折优惠;夏天旅行社说:可免去老师的费用,学生按 8 折优惠。就学生人数讨论哪家旅行社更优惠(两家旅行社的价格都是每人 120 元)?

二、问题分析

从实例出发理解数学问题,将复杂问题简单化,建立一次函数,通过不等式知识,比较相关量大小,使问题获解。

三、相关知识

1. 一次函数的定义。

$$y = kx + b \, (k \neq 0, x \in \mathbf{R})$$

2. 一次函数图像。

是一条直线。

3. 一次函数的性质。

(1) 当 $k > 0$ 时,一次函数是增函数(图像上升);

(2) 当 $k < 0$ 时,一次函数是减函数(图像下降)。

四、解答问题

解:设旅游人数为 x,选择古莲旅行社所需费用为 y_1 元;选择夏天旅行社所需费用为 y_2 元,则有

$$y_1 = 120 \times 0.75x$$
$$= 90x$$
$$y_2 = 120 \times 0.8(x - 1)$$
$$= 96x - 96$$

(1) 若 $y_2 < y_1$,得 $x < 16$;

(2) 若 $y_2 > y_1$,得 $x > 16$;

(3) 若 $y_2 = y_1$,得 $x = 16$。

答：当旅游人数为 16 人时, 选择两家旅行社都可以；当人数大于 16 时选古莲旅行社；当人数小于 16 时选夏天旅行社。

五、拓展与实践

某单位租用汽车, 现在甲、乙两家汽车出租公司可提供出租车, 设每月汽车行驶 x km, 应付甲、乙公司的月租费 y_1 元和 y_2 元, 已知 y_1、y_2 与 x 之间的函数关系图像如下图所示（两条射线）。试问：该单位租用哪家公司的汽车更划算？

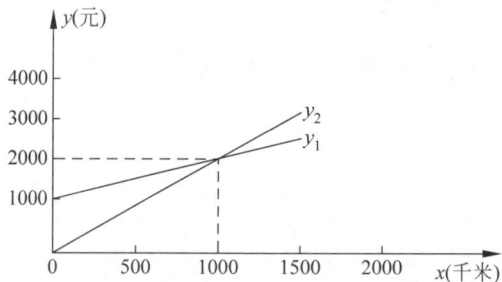

解：设 $y_1 = kx + b$, 则过点 $(0, 1000)$, $(1000, 2000)$。

所以
$$1000 = b$$
$$2000 = 1000k + b$$

则
$$k = 1, \quad b = 1000$$

所以 $\qquad y_1 = kx + 1000$

设 $y_2 = kx$，则过点 $(1000, 2000)$。

所以 $\qquad 2000 = 1000k$

则 $\qquad k = 2，\quad y_2 = 2x$

当 $y_1 < y_2$ 时 $\qquad x + 1000 < 2x \Rightarrow x > 1000$

当 $y_1 = y_2$ 时 $\qquad x + 1000 = 2x \Rightarrow x = 1000$

当 $y_1 > y_2$ 时 $\qquad x + 1000 > 2x \Rightarrow x < 1000$

所以，$x > 1000$ 选甲公司；$x = 1000$ 两家公司都可以；$x < 1000$ 选乙公司。

六、作业与训练

1. 一个由 4 个大人和 4 个孩子组成的家庭去某地旅游,甲旅行社的收费标准是：如果买 4 张全票,则其余人按半价优惠；乙旅行社的收费标准是：家庭旅游算团体票,按半价的 $\dfrac{3}{4}$ 优惠。这两家旅行社的原价均为每人 100 元,这个家庭选择哪家旅行社所花的费用少？

2. 某校部分师生要去参加夏令营活动,车站提出两种车票价格的优惠方案供学校选择。第一种方案是老师按原价付费,学生按原价的 78% 付费；第二种方案是师生按原价的 88% 付款。该校有 5 名老师参加这项活动,根据参加夏令营的学生数,选择购票付款方案。

二次函数应用

任务 15　使利润最大化

一、问题情境

　　某商场购进一批单价为 16 元的日用品,为获得更多利润,商店决定提高销售价格,经试验发现:

每件销售价(元)	20	25
每月销售件数(件)	360	210

假定每销售件数 y(件)是价格 x(元/件)的一次函数,问销售价格定为多少时,才能使每月获得最大利润? 每月的最大利润是多少?

二、问题分析

根据题意:销售件数 y(件)是价格 x(元/件)的一次函数,根据数据建立一次函数。

再根据公式:销售利润＝销售收入－销售成本,求出每月获得的最大利润。

三、相关知识

1. 一次函数的定义

$$y = kx + b \quad (k \neq 0, x \in \mathbf{R})$$

2. 二次函数定义

$$y = ax^2 + bx + c \quad (a \neq 0)$$

$$y = a(x - k)^2 + h \quad (a \neq 0)$$

3. 二次函数图像

一条抛物线。

4. 求顶点坐标

(1) 公式法:

$$y = ax^2 + bx + c \quad (a \neq 0)$$

$$\left(-\frac{b}{2a}, \frac{4ac - b^2}{4a} \right)$$

(2) 配方法:

$$y = a(x - k)^2 + h \quad (a \neq 0)$$

四、解答问题

解：

（1）依题意设：$$y = kx + b$$

则 $$\begin{cases} 20k + b = 360 \\ 25k + b = 210 \end{cases} \Rightarrow \begin{cases} k = -30 \\ b = 960 \end{cases}$$

所以 $$y = -30x + 960 \quad (16 \leqslant x \leqslant 32)$$

（2）每月获利润

$$P = (-30x + 960)(x - 16)$$
$$= 30(-x^2 + 48x - 512)$$
$$= -30(x - 24)^2 + 1920$$

所以当 $x = 24$ 元时，P 有最大值，最大值为 1920。

五、拓展与实践

某公司年初推出一种车用空气净化器产品，该产品累计销售利润 y（万元）与销售时间 x（月）之间的关系为 $y = \dfrac{1}{2}x^2 - x \ (x > 0)$，请问你能否判断出这个公司第 6 个月所获的利润是多少？

解：因为

$$y = \frac{1}{2}x^2 - x \quad (x > 0)$$

所以前 5 个月的利润总和为：

$$y_5 = \frac{1}{2} \times 5^2 - 5 = 7.5$$

所以前 6 个月的利润总和为：

$$y_6 = \frac{1}{2} \times 6^2 - 6 = 12$$

所以第 6 个月所获的利润为：

$$y_6 - y_5 = 12 - 7.5 = 4.5 \, (\text{万元})$$

答：第 6 个月所获的利润是 4.5 万元。

六、作业与训练

1. 某产品每件成本 10 元，在试销阶段每件产品的日销售价 x 与产品的日销售量 y 之间的关系如下表所示。

x(元)	20	25	30	35	…
y(件)	35	30	25	20	…

（1）确定 y 与 x 的函数关系式。

（2）每件产品的销售价应定为多少元时，每日销售利润最大？

2. 已知某人卖盒饭的盒数 x(个)与所获利润 y(元)满足关系式 $y=-x^2+800x-1200$,则卖出多少盒时,获得最大利润? 最大利润是多少元?

任务 16　面积最大

一、问题情境

要造一个长方形养鸡场,为了节省材料,养鸡场的一边靠着原来的一面墙,如右图所示,另 3 边用竹篱笆围成,如果篱笆长 48m,则

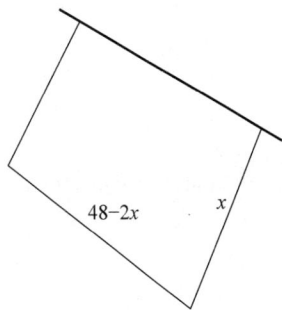

(1) 求养鸡场的长和宽各为多少米,面积最大?

(2) 最大面积是多少?

二、问题分析

依据长方形面积公式建立等量关系,借助于不等式解决问题。用料方案的设计,与选定问题一定要根据几何体表面积公式建立数学模型,不同方案进行不同的分析求出最佳值。

三、相关知识

1. 二次函数定义

$$y = ax^2 + bx + c \quad (a \neq 0)$$

2. 求顶点坐标

(1) 公式法:

$$y = ax^2 + bx + c \quad (a \neq 0)$$

顶点坐标:
$$\left(-\frac{b}{2a}, \frac{4ac - b^2}{4a}\right)$$

(2) 配方法:

$$y = a(x - k)^2 + h \quad (a \neq 0)$$

顶点坐标:　　　　(k, h)

3. 配方法三个要素

(1) 当 x^2 的系数 a 不是 1 时,一律提到括号外面去;

(2) 配常数项时,注意"一次项系数一半"的平方;

(3) 配平:加一项、减一项,保持原式的相平。

四、解答问题

解：设养鸡场的宽为 x m，则长为 $(48-2x)$ m。

$$S = x(48-2x) = -2x^2 + 48x$$
$$= -2(x^2 - 24x + 12^2 - 12^2)$$
$$= -2(x-12)^2 + 288$$

因为 $a = -2 < 0$，S 有最大值，当 $x = 12$ 时，面积最大；

所以当长为 $48-2x=24$ m，宽为 12m 时，最大面积为 288m²。

五、拓展与实践

某学校正在规划周长 400m 的跑道，如下图所示，跑道的两端是半圆形，中间是直线跑道，问使跑道中间的矩形面积最大，直线跑道的长应为多少米？

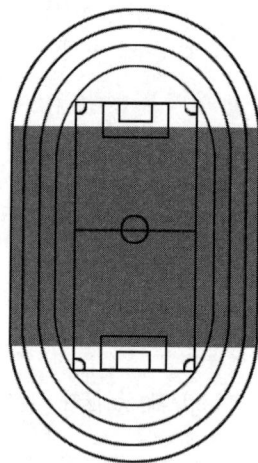

解：设直线跑道的长应为 x m，矩形的宽为 y m。

则

$$\pi y + 2x = 400$$

所以

$$y = \frac{400-2x}{\pi}$$

则矩形的面积为

$$S = xy = x\left(\frac{400-2x}{\pi}\right) = -\frac{2}{\pi}x^2 + \frac{400}{\pi}x = -\frac{2}{\pi}(x-100)^2 + \frac{20000}{\pi}$$

答：当直线跑道为 100m 长时，跑道中间矩形的面积最大。

六、作业与训练

1. 用 12m 长的木条做一个有一条横档的矩形窗户，选择窗户的长、宽为多少米时，透进的光线最多？

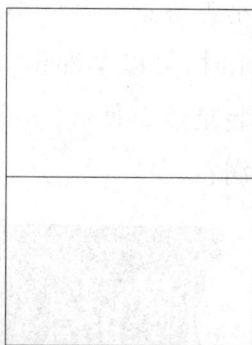

2. 有一块三角形土地，它的底边 $BC=100$m，高 $AH=80$m，某单位要沿着底边 BC 修一座底面是矩形 $DEFG$ 的大楼，当这座大楼的地基面积最大时，这个矩形的长和宽各是多少？

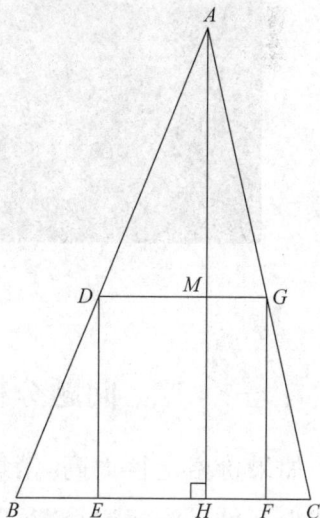

任务 17　如何定价

一、问题情境

小王最近开了一家时装店,购进服装 1000 件。如果每件服装售价为 100 元时,可以全部售空;如果定价每提高 1 元,则服装就少售出 8 件。这批服装是以每件 80 元购进的,不可退货。试问:小王如何定价可以获得最大利润?

二、问题分析

如果价格定得太高,销售量将减少,利润也同时减少。每提高 1 元时,就会减少 8 件。注意这个"每"字。

三、相关知识

1. 求二次函数最大值

二次函数为 $y = ax^2 + bx + c$，则顶点坐标为：

$$\left(-\frac{b}{2a}, \frac{4ac - b^2}{4a}\right)$$

当 $a < 0$ 时，若 $x = -\frac{b}{2a}$ 时，函数取最大值，最大值为 $\frac{4ac - b^2}{4a}$。

2. 相关公式

$$利润 = 总收入 - 总成本$$

$$总收入 = 售价 \times 销量$$

四、解答问题

解：假设实际定价为每件 x 元，则销售量减少了 $8(x - 100)$ 件。实际销售为 $1000 - 8(x - 100) = 1800 - 8x$。

由公式

$$利润 = 总收入 - 总成本$$

设利润为 y，则

$$总收入 = 单价 \times 销售量 = x(1800 - 8x)$$

所以总成本为 80×1000，则

$$y = x(1800 - 8x) - 80 \times 1000$$

$$= -8x^2 + 1800x - 80000 \,(100 < x < 300)$$

当 $x = 112.5$ 元时，$y = 21250$ 元。

结论：当定价为 112.5 元时，利润最大。

此时，可获得利润 21250 元。

想一想：如果定价为 120 元时，利润为多少？这时的销售量是多少？如果定价为 300 元时，利润是多少？这时的销售量是多少？

五、拓展与实践

某商人如果将进货单价为 100 元的运动鞋按每双 120 元出售,每天可销售 200 双。现在他采用提高售出价,减少进货量的办法增加利润。已知这种商品每涨价 10 元,其销售量就要减少 10 双。问他将售出价定为多少时,才能使每天所赚的利润最大?并求最大利润。总成本为多少?如果定价为 x 元,实际销售多少双?利润与定价的函数关系如何?

解:设实际定价每件为 x 元,则销售量减少了 $\dfrac{10(x-120)}{10}$ 件。则实际销售量为

$$200-(x-120)=320-x$$

由公式

$$利润=总收入-总成本$$

设利润为 y,则

$$y=x(320-x)-100(320-x)=-x^2+420x-32000$$

则当 $x=210$ 元时,利润最大,且 $y=12100$ 元。

定价为每件 210 元时利润最大为 12100 元。

六、作业与训练

1. 一家旅店有客房 300 间,每间租费 20 元,每天都客满。旅店欲提高档次并提高租金,如果每增加 1 元,客房出租数会减少 10 间。不考虑其他因素时,旅行社将房间租金提高到多少时,每天客房的租金收入最高?

2. 某旅行社在大连组织旅游团到桂林旅游,共需 5 天。每人往返机票、食宿、参观门票等费用为 4000 元。如果把每人收费标准定为 5000 元时,则只有 20 人参加旅游团。高于 5000 元时,无人参加。如果每人收费标准从 5000 元每降低 100 元,参加人数就增加 5 人。试问:每人收费标准为多少时,该旅行社所获利润最大?此时参加旅游团的人数是多少?

任务 18　投篮

一、问题情境

某校一场篮球比赛中,队员甲正在投篮,已知球出手时离地面高 $\frac{20}{9}$ m,与篮筐中心的水平距离为 7m,当球出手后水平距离为 4m 时到达最大高度 4m,设篮球运行轨迹为抛物线,篮筐距地面 3m。

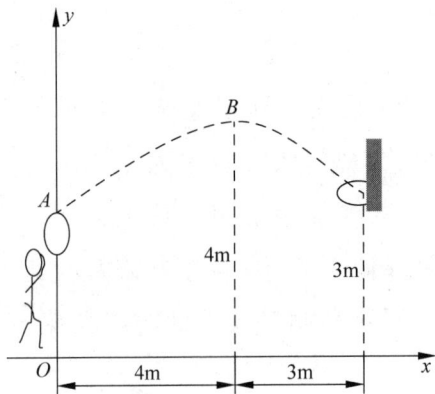

（1）建立如图所示的平面直角坐标系,问:此球能否准确投中?

（2）此时,若对方队员乙在甲面前 1m 处跳起盖帽拦截,已知乙的最大摸高 3.1m,那么他能否获得成功?

二、问题分析

从实例出发理解数学问题,将复杂问题简单化,转化数学问题,建立二次函数,使问题获解。

三、相关知识

1. 二次函数定义

(1) $y = ax^2 + bx + c$　$(a \neq 0)$

顶点坐标：　　　　　　$\left(-\dfrac{b}{2a}, \dfrac{4ac - b^2}{4a} \right)$

(2) $y = a(x - k)^2 + h$　$(a \neq 0)$

顶点坐标：　　　　　　　(k, h)

2. 二次函数图像

一条抛物线。

$a > 0$ 开口方向向上；

$a < 0$ 开口方向向下。

3. 对称性

关于直线 $x = -\dfrac{b}{2a}$ 对称；

$a > 0$ 当 $x = -\dfrac{b}{2a}$ 时，$y_{最小值} = \dfrac{4ac - b^2}{4a}$；

$a < 0$ 当 $x = -\dfrac{b}{2a}$ 时，$y_{最大值} = \dfrac{4ac - b^2}{4a}$。

4. 二次函数的待定系数法

根据已知条件，求系数 a, b, c。

四、解答问题

解：

(1) 由题意可知，$A\left(0, \dfrac{20}{9} \right)$，$B(4, 4)$。因为 B 为抛物线的顶点，所以设抛物线的表达式为：

$$y = a(x - 4)^2 + 4$$

把 $x = 0$，$y = \dfrac{20}{9}$ 代入，得

$$\frac{20}{9}=a(0-4)^2+4$$

解得

$$a=-\frac{1}{9}$$

抛物线的表达式为

$$y=-\frac{1}{9}(x-4)^2+4$$

当 $x=7$，$y=-\frac{1}{9}\times(7-4)^2+4=-1+4=3$ 时，又因为篮圈中心的坐标

为 $(7,3)$，所以球能准确投中。

（2）设抛物线为：

$$y=-\frac{1}{9}(x-4)^2+4$$

当 $x=1$ 时

$$y=-\frac{1}{9}(1-4)^2+4=-\frac{1}{9}\times9+4=3<3.1$$

所以乙在甲面前 1m 处跳起盖帽拦截，能获得成功。

五、拓展与实践

某跳水运动员进行 10m 跳台跳水训练时，身体（看成一点）在空中的运动路线如图所示，是坐标系下经过原点 O 的一条抛物线（图中标出的数据为已知条件），在跳某个规定动作时，该运动员在空中的最高处距水面 $10\frac{2}{3}$ m，入水处距池边的距离为 4m，同时，运动员在距水面的高度为 5m 以前，必须完成规定的翻腾动作，并调整好入水姿势，否则就会出现失误。

（1）求这个抛物线的解析式；

（2）在某次试跳中，测得运动员在空中的运动路线是（1）中的抛物线，且运动员在空中调整好入水姿势时，距池边的水平距离为 $3\frac{3}{5}$ m，问：此次跳水会不会失误？通过计算说明理由。

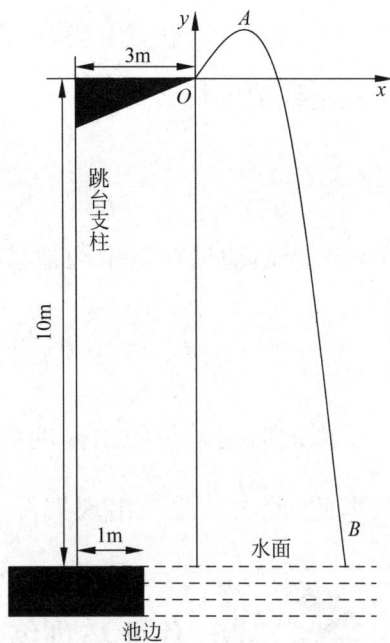

解：(1) 在给定的直角坐标系下，设最高点为 A，入水点为 B。则抛物线的解析式为

$$y = ax^2 + bx + c$$

由题意可知，O、B 两点的坐标依次为 $(0,0)$，$(2,-10)$ 且顶点 A 的纵坐标为 $\dfrac{2}{3}$，所以

$$\begin{cases} \dfrac{4ac-b^2}{4a} = \dfrac{2}{3} \\ 4a+2b = -10 \\ c = 0 \end{cases}$$

解得

$$\begin{cases} a = -\dfrac{25}{6} \\ b = \dfrac{10}{3} \\ c = 0 \end{cases} \quad \text{或} \quad \begin{cases} a = -\dfrac{3}{2} \\ b = -2 \\ c = 0 \end{cases}$$

因为抛物线对称轴在 y 轴的右侧，所以 $-\dfrac{b}{2a} > 0$。

又因为抛物线开口向下，所以 $a < 0$，$b > 0$，则

$$a = -\frac{25}{6}, \quad b = \frac{10}{3}, \quad c = 0$$

抛物线的解析式为

$$y = -\frac{25}{6}x^2 + \frac{10}{3}x$$

（2）当运动员在空中距池边的水平距离为 $3\frac{3}{5}$m，即 $x = 3\frac{3}{5} - 2 = \frac{8}{5}$ 时，

$$y = \left(-\frac{25}{6}\right) \times \left(\frac{8}{5}\right)^2 + \frac{10}{3} \times \frac{8}{5} = -\frac{16}{3}$$

所以此时运动员距水面的高为 $10 - \frac{16}{3} = \frac{14}{3} < 5$。

因此，此次试跳会出现失误。

六、作业与训练

1. 一场足球比赛中，一球员从球门正前方 10m 处将球踢起，当球飞行的水平距离为 6m 时，球到达最高点，此时球的高度为 3m，已知球门高 2.44m，问能否射中球门？

2. 运动员在距篮下 4m 处跳起投篮，球运行的路线是抛物线，当球运行的水平距离为 2.5m 时，达到最大的高度 3.5m，然后准确入篮筐，已知篮筐中心到地面的距离为 3.05m。

（1）建立如下图所示的直角坐标系，求抛物线的解析式。

（2）该运动员身高 1.8m，在这次跳投中，球在头顶上方 0.25m 处出手，问：球出手时，他跳离地面的高度是多少？

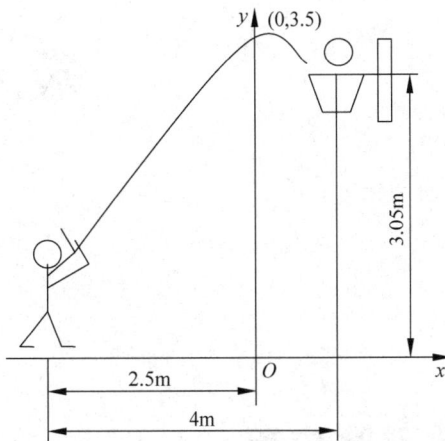

数 列 问 题

数列的应用

任务 19　追缴假货

一、问题情境

有人举报某百货商场售出的某品牌商品掺有假货，接到报案后相关部门责成大学毕业的实习生唐正去侦办此案。

唐正赶到现场，多方了解分析，断定进货环节没有问题，只是百货公司仓库里的货物被人用假货调包了。

唐正先看了那些被提出来的货的货包，它们有编号的放在地上：

第一批货	2	6	12	20	30	36	42	56
第二批货	5	6	11	17	28	45	73	90

唐正观察思索了一下,果断地打开了其中的两包,果然是假货。

二、问题分析

找出货号的排列规律。

第一批货的货号规律:$2＝1×2,6＝2×3,12＝3×4,\cdots$,每个货号都可以表示为$n×(n＋1)$;

第二批货的货号规律:$11＝5＋6,17＝6＋11,28＝11＋17\cdots$

从第三包起,每一包货号等于前两包货号之和。

三、相关知识

1. 数列的概念

按照一定的顺序排列的数称为数列。记作$a_1,a_2,a_3,\cdots,a_n$,简记为$\{a_n\}$。

数列中每一个数都叫作这个数列的项,第一个数称为第一项(首项),用a_1表示;第二个数叫第二项,用a_2表示;$\cdots\cdots$;第n个数叫第n项(通项)用a_n表示。

每一项的下标数字叫数列的项数,用n表示。

2. 通项公式

第n项a_n与它的项数n的关系式:

$$a_n = f(n)$$

称为通项公式。

四、解答问题

解:第一批货中$36\neq6×7$;

第二批货中$90\neq45＋63$。

第一批货的假货包号为:36 号;

第二批货的假货包号为:90 号。

打包验证:两包均为假货。

五、拓展与实践

唐正利用数列的知识准确查出了假货后,下面的任务是将真货追回。他同仓库管理人员到了仓库,看到几包有货号的放在那里。

同学们,你能依据学过的数列知识,找到被盗走的货包的编号吗?

第一批货	64	32		8	4	2
第二批货	7	15	31	63		255

解:

① 设第一批货的空号为小 x,其货号排列规律为:

$$64 \div 32 = 8 \div 4 = 4 \div 2 = 2$$

即 $32 \div x = 2$,所以 $x = 16$。

② 设第二批货的空号为 y,其货号排列规律为:

$$15 = 7 \times 2 + 1, \quad 31 = 15 \times 2 + 1, \quad \cdots$$

即

$$y = 63 \times 2 + 1 = 127$$

则被盗走的货包编号分别为 16 号和 127 号。

六、作业与训练

1. 一批包装商品从下往上按塔形摆放,从下层到上层摆放数量依次为(单位:个):

(1) 请按规律填上空白处的数字;数列 $26, 22, 18, \_\_, 10, 6, \cdots$

(2) 这批商品共能摆放多少层?最后一层是几个?

2. 1,1,3,7,17,41,下一个数是什么？

等差数列的应用

任务20　梯子的设计

一、问题情境

国阳到李栋平家去学习,看到李栋平的爸爸正在忙着焊一架梯子,李栋平正忙着帮助爸爸计算下料,已知梯子的最上层的阶宽40cm,每一阶比上一阶宽2cm,共有11阶,问最后一阶是多少厘米?从下往上的第五阶是多少厘米。

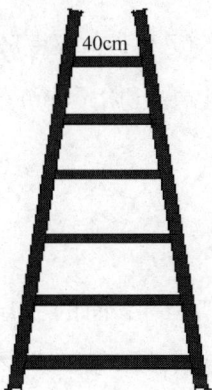

二、问题分析

梯子的阶,从下往上每一阶比它上边一阶的宽度应该是构成等差数列,并且公差为 $d=2\text{cm}$。

三、相关知识

1. 等差数列的概念

一般地,如果一个数列从它的第 2 项起每一项与它的前一项的差都等于同一常数,则这个数列称为等差数列,这个常数称为等差数列的公差,公差通常用字母 d 来表示。

例如:数列 $1,3,5,7,\cdots,2n-1$ 就是等差数列,它的公差 $d=2$。

2. 等差数列的通项公式

$$a_n = a_1 + (n-1) \times d$$

四、解答问题

解:本题为等差数列问题,$a_1=40$,$d=2$。通项:

$$a = a_1 + (n-1)d$$
$$a_{11} = a_1 + (11-1) \times d = 60(\text{cm})$$
$$a_6 = a_1 + (6-1) \times d = 50(\text{cm})$$
$$a_7 = a_1 + (7-1) \times d = 52(\text{cm})$$

答:最后阶 60cm,从下往上第五阶 50cm。

五、拓展与实践

如下图所示,有一个 V 形架,最下面的一层放一支铅笔,往上每层都比它下面一层多放一支,最上面一层放 120 支,这个 V 形架上共放了几层铅笔?

已知:$a_1=1$,$a_n=120$,$d=1$,求 n。

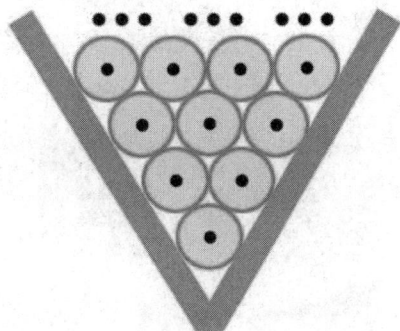

解：因为
$$a_n = a_1 + (n-1)d$$
$$120 = 1 + (n-1)1$$

所以 $n=120$。

这个 V 形架上共放了 120 层铅笔。

六、作业与训练

1. 老师带同学们去商场搞市场调查,看到一个安装在公共轴上的 5 个皮带轮,它们的直径成等差数列,其中最大和最小的上皮带轮的直径分别是 216mm 与 120mm,那么中间三个皮带轮的直径是多少?

2. 美铃的物理学习比较差,经过老师的帮助,她学懂了许多东西,对学物理有了信心和兴趣,经过反复测算她计划自己要在 53 分的基础上,每一次月考提高 8 分,问第四次月考时,她的成绩应达到多少分?

任务 21　婚宴香槟塔的摆放

一、问题情境

一家酒店的婚礼进行到高潮时,在司仪的主持下,新娘新郎手捧已打开的香槟酒,往码好的整整齐齐的(塔形)的高脚杯中缓缓地倒入象征爱情、甜蜜的红色液体……

要垒成这样一个香槟酒塔,酒杯共摆几层? 每一层怎么摆会更好更合理呢?

每一层面高脚杯的摆放形成一个三角形,如果你是一个酒店的服务管理人员,你会事先在每一层上面摆多少只高脚杯呢? 同学们,让我们来帮助酒店解决这个问题吧。

二、问题分析

由上图知:

最上层 1 个;

第二层 $3＝1＋2$ 个;

第三层 $6＝1＋2＋3$ 个;

第四层 $10＝1＋2＋3＋4$ 个;

……

第 n 层:$1＋2＋\cdots＋n$。

这第 n 层酒杯个数正是等差数列由首项 1 一直加到末项 n 的和,记为 $S_n＝1＋2＋\cdots＋n$。

三、相关知识

1. 分析归纳法。

2. 等差数列的前 n 项和

$$S_n＝a_1＋a_2＋\cdots＋a_n$$
$$＝\frac{a_1＋a_n}{2}\times n$$

> 提问:此公式和我们学过的哪个公式形式比较像?
> (梯形面积公式)

四、解答问题

解:第 n 层酒杯个数是求由首项是 $a_1＝1$,末项是 $a_n＝n$,项数 n 的等差数列的和。

$$S_n＝1＋2＋3＋\cdots＋n＝\frac{1＋n}{2}\times n$$

第一层酒杯个数：$S_1=1$
第二层酒杯个数：$S_2=3$
第三层酒杯个数：$S_3=6$
第四层酒杯个数：$S_4=10$
第五层酒杯个数：$S_5=15$
五层塔酒杯总数：$S_1+S_2+S_3+S_4+S_5=1+3+6+10+15=35$

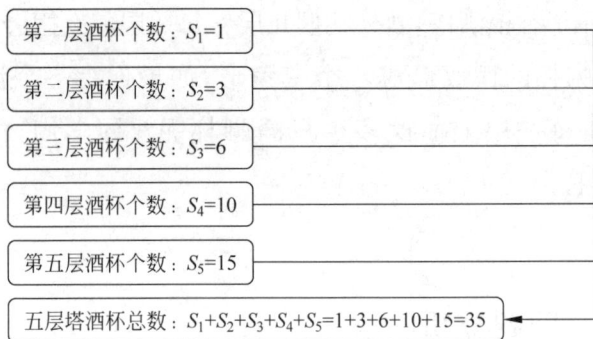

注：香槟塔摆放酒杯的总数为第一层＋第二层＋…＋第 n 层＝S_1＋S_2＋…＋S_n。

练习：$n=8$，$S_8=$？八层塔酒杯总数＝？

五、拓展与实践

酒店客房管理人员为了安全需要，每半年更换一次门锁，管理员小华将客房的十扇门全部换上新锁后，才发现自己的疏忽——没有把买回来的锁和钥匙配上相应的号码，看到小华满含尴尬的神情，同学们，你能帮小华解决此难题吗？在不靠运气的情况下，最多需要多少次可以把这些锁和钥匙重新配对妥当。

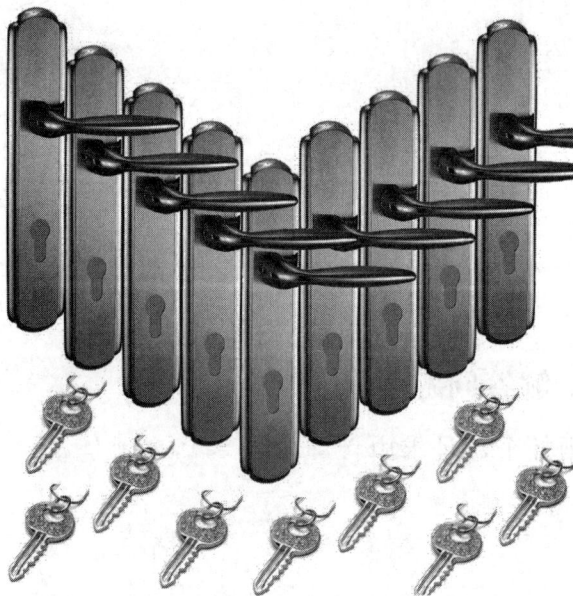

答：如果 2 把锁的钥匙弄混了,把锁全打开最多需要多少次试验?

第 1 把锁 2 次,第 2 把锁 1 次。

试验次数 1+2=3(次)

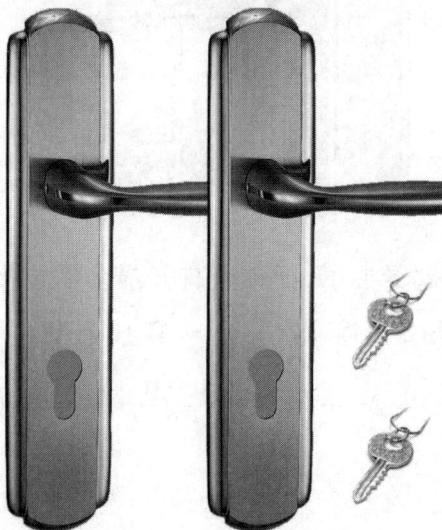

如果 3 把锁的钥匙弄混了,把锁全打开最多需要多少次试验?

第 1 把锁 3 次,第 2 把锁 2 次,第 3 把锁 1 次。

试验次数 1+2+3=6(次)

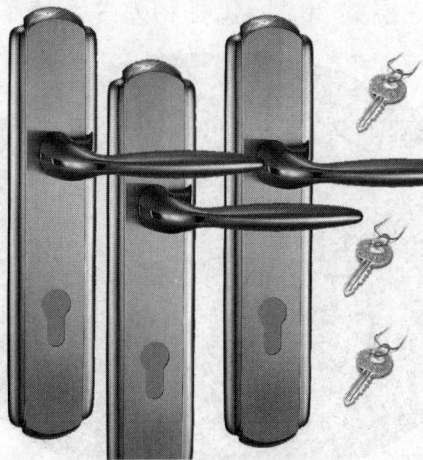

如果 4 把锁的钥匙弄混了,把锁全打开最多需要多少次试验?

第 1 把锁 4 次,第 2 把锁 3 次,……,第 4 把锁 1 次。

试验次数 1+2+3+4=10(次)

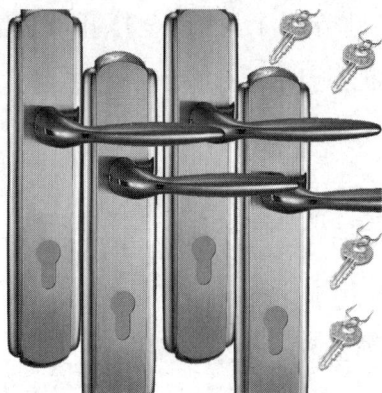

如果 10 把锁的钥匙弄混了,把锁全打开最多需要多少次试验?

第 1 把锁 10 次,第 2 把锁 9 次,……,第 10 把锁 1 次。

$$S_{10}=1+2+\cdots+10=\frac{1+10}{2}\times 10=55(次)$$

六、作业与训练

1. 某奥运场馆的看台像个边缘高低起伏的、立体的"碗",环抱着赛场收拢结构,而且它的上下层看台之间有一部分交错。场馆最底排的座椅 2918 张,分三层每层 10 排,三层共 30 排,每排相差 8 个椅子,共有多少个座位?

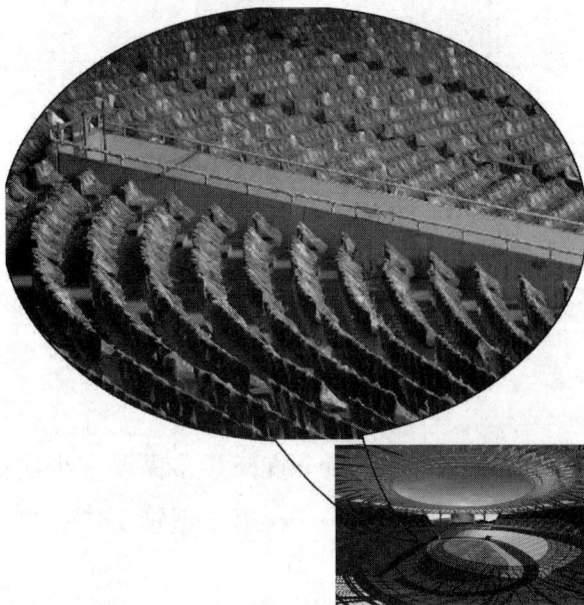

2．某公司设计墙面装饰，他们用三根等长的不同颜色的日光灯管可以摆成一个等边三角形，再用这样的等边三角形按图所示，铺满一个大的等边三角形的图案，能够在夜里形成五彩斑斓的效果，如果这个大的等边三角形的底为 20 根日光灯管，那么一共要用多少根日光灯管？

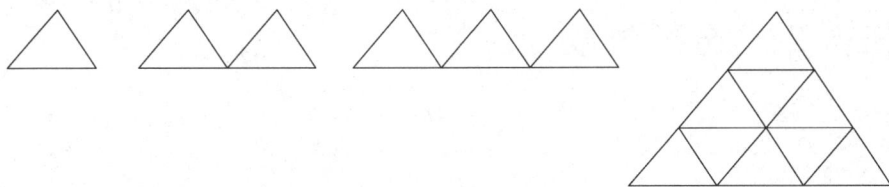

3．在新城大道一侧 A 处，运来 20 棵新树苗，一名工人从 A 处起沿大道一侧路边每隔 10m 栽一棵树苗，这名工人每次只能栽一棵，要栽完这 20 棵树苗，并返回 A 处，植树工人共走了多少路程？

等比数列的应用

任务 22 分期付款

一、问题情境

用分期付款方式购买方正电脑,价格为每台 11500 元。购买当天先付1500 元,以后每月这一天支付 500 元,并加付欠款利息,月利率 1%。若交付1500 元之后第一个月,开始算分期付款的第一个月,问分期付款的第 10 个月该交付多少钱? 全部货款还清后,买这台电脑实际花了多少元?

二、问题分析

从实例出发理解数学问题,将复杂问题简单化,将每次交付欠款的数构成数列,通过等差数列知识使问题获解。

三、相关知识

1. 等差数列的通项公式

$$a_n = a_1 + (n-1)d$$

2. 等差数列的前 n 项和

$$S_n = a_1 + a_2 + a_3 + a_4 + \cdots + a_n$$

$$= \frac{a_1 + a_n}{2} \times n$$

$$= na_1 + \frac{n(n-1)}{2}d$$

3. 等比数列的公式

通项公式:

$$a_n = a_1 q^{n-1}$$

前 n 项和公式:

$$S_n = a_1 \frac{1-q^n}{1-q} \quad (q \neq 1)$$

四、解答问题

解:购买时付 1500 元之后,所欠款 10000 元,每月付 500 元,需 20 个月付清,则每次交付欠款的数依次构成数列 $\{a_n\}$。

$$a_1 = 500 + 10000 \times 1\% = 600$$

$$a_2 = 500 + (10000 - 500) \times 1\% = 595$$

$$a_3 = 500 + (10000 - 500 \times 2) \times 1\% = 590$$

$$a_4 = 500 + (10000 - 500 \times 3) \times 1\% = 585$$

$$a_n = 500 + [10000 - 500 \times (n-1)] \times 1\%$$

$$= 600 - 5(n-1) \quad (1 \leqslant n \leqslant 20, n \in \mathbf{N}_+)$$

$\{a_n\}$ 是以 600 为首项,公差为 -5 的等差数列

$$a_{10} = 600 - 5(10-1) = 555$$

$$a_{20} = 600 - 5(20-1) = 505$$

所以

$$S_{20} = \frac{20(a_1 + a_{20})}{2} = 11050(\text{元})$$

共

$$11050+1500=12550（元）$$

则第 10 个月应付 555 元,买这台电脑共 12550 元。

五、拓展与实践

某商店对超过 15000 元的物品提供分期付款服务,顾客可先付 3000 元,以后每月付 1500,张叔叔想用分期付款的形式购买价值 19000 元的电脑,他需要多长时间才能付清全部贷款?

解:设需用 x 月才能全部付清贷款,则:

$$1500x+3000=19000$$
$$1500x=16000$$
$$x\approx10.67$$

x 取大于 10.67 的最小整数,所以 $x=11$。

因此张叔叔需要 11 个月才能付清贷款。

六、作业与训练

1. 购买一件售价为 3800 元的海尔牌电冰箱,用分期付款方式,每期付款相同,分 3 个月付款,购买后每一个月付款一次,若月利率为 0.8%,每月利息按复利计算,那么每月付款多少(精确到元)?

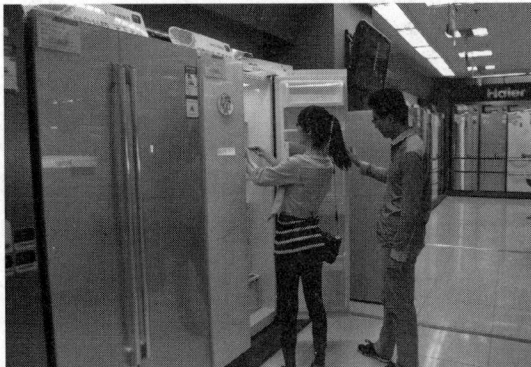

2. 分期购买一辆售价为 12 万元的汽车,购买后每月付款一次,每次付款金额相同,48 个月全部付清,如果月利息为 1%,每月利息按复利计算,问每月应付款多少(精确到元)?

3. 某人贷款购房,在年初用 16 万元购买一套住房,首付现金 6 万元,按合同余款分 6 年付清,年利率为 10%,每年以复利计算,问每年应支付多少元?

任务 23　收集废电池

一、问题情境

为保护环境,某校环保小组成员小明收集废电池情况如下。

第一天收集 1 号电池 6 节,5 号电池 8 节,总重量为 700g;

第二天收集 1 号电池 4 节,5 号电池 7 节,总重量为 500g;

请问 1 号和 5 号电池每节各重多少克?

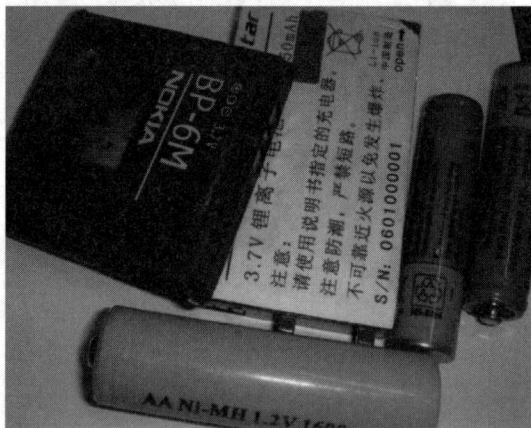

二、问题分析

废旧电池是危险固体废弃物之一,如果处理不当,不但会严重污染土壤和水源,还将直接危害人体健康。一粒纽扣电池可使 6×10^5 kg 水受到污染,相当于一个人一生的饮水量! 我国每年约有 5000 万只电池报废,如果处理不当,将有多少水受到污染?

三、相关知识

1. 二元一次方程组：

- 加减消元法。
- 代入消元法。

2. 等比数列的概念。

一般地，如果一个数列从第 2 项起，每一项与它前一项的比都等于同一个常数，这个数列称为等比数列；这个常数称为等比数列的公比，公比通常用字母 q 表示。

例如，数列 $1,2,4,8,16,32,\cdots$；公比 $q=2$。

3. 等比数列的通项公式：

$$a_n=a_1 q^{n-1}$$

4. 等比数列的前 n 项和公式：

$$S_n=a_1\frac{1-q^n}{1-q}\quad(q\neq 1)$$

5. 例如，数列 $1,2,4,8,16,32,\cdots$；

因为 $\qquad a_1=1,\quad q=\dfrac{2}{1}=2,\quad n=8$

所以

$$S_8=\frac{1[1-2^8]}{1-2}=255$$

四、解答问题

解：设 1 号电池每节重 x g，5 号电池每节重 y g；

$$\begin{cases}6x+8y=700\\4x+7y=500\end{cases}$$

$$\begin{cases}x=90\\y=20\end{cases}$$

所以 1 号电池每节重 90g；5 号电池每节重 20g。

五、拓展与实践

近 10 年,我国城市垃圾平均每年以 9% 的速度增长,到 2000 年年底堆存的垃圾已达 60 亿吨,侵占了约 5 亿平方米的土地。目前我国还在以年产 1 亿吨的速度生产着新的垃圾;以资源学的观点看,生活垃圾也是资源,如果 1.4 亿吨垃圾发电,可以节约 2333 万吨煤炭;如果将 1.4 亿吨垃圾进行处理,再添加粪便和秸秆,每年可生产 1.5 亿吨有机肥。

(1) 10 年前我国城市垃圾大约有多少亿吨?

(2) 如果从 2001 年起,每年处理上年堆存垃圾的 1/10,并按 1∶1 进行发电和生产有机肥,则 2000 年与 2001 年两年,每年可节约多少万吨煤炭,可生产多少亿吨有机肥,可节约多少亿平方米土地?

解：(1) 设 10 年前我国城市垃圾有 x 亿吨,则

$$x + x(1+9\%) + x(1+9\%)^2 + \cdots + x(1+9\%)^9 = 60$$

所以

$$x \cdot \frac{1.09^{10}-1}{1.09-1} = 60, \quad x = \frac{60 \times 0.09}{1.09^{10}-1} \approx 3.95$$

故 10 年前我国城市垃圾大约有 3.95 亿吨。

(2) 2000 年处理垃圾 6 亿吨；

节约 $3 \times 2333 \div 1.4 = 4999$ 万吨煤炭；

生产 $3 \times 1.5 \div 1.4 = 3.2$ 亿吨有机肥；

节约 $6 \times 5 \div 60 = 0.5$ 亿平方米土地。

2001 年处理垃圾 $(60-6+1) \div 10 = 5.5$ 亿吨；

节约 $2.75 \times 2333 \div 1.4 = 4583$ 万吨煤炭；

生产 $2.75 \times 1.5 \div 1.4 = 2.9$ 亿吨有机肥；

节约 $5.5 \times 5 \div 60 = 0.46$ 亿平方米土地。

六、作业与训练

1. 为了让人们感受丢弃塑料袋对环境造成的影响,某班环保小组的六名同学记录了自己家中一周内丢弃的塑料,如果该班有 45 名学生,那么根据提供的数据估计本周全班同学各家总共丢弃塑料袋的数量为(　　)个。

A. 900　　　　　B. 1080　　　　　C. 1260　　　　　D. 1800

2. 某省重视治理水土流失问题,2001 年治理了水土流失面积 400 平方千米,该省逐年加大治理力度,计划今明两年每年治理水土流失面积都比前一年增长一个相同的百分数,到 2003 年年底,使这三年治理的水土流失面积达到 1324 平方千米。求该省今明两年治理水土流失面积每年增长的百分数。

3. 用每分钟可抽 30t 水的抽水机来抽河水管道里积存的污水,估计积存的污水在 1200t 到 1500t 之间,那么,大约要用多少时间才能将污水抽完(包括 1200 和 1500)?

4. 据 2001 年中国环境状况公报,我国由水蚀和风蚀造成的水土流失面积达 356 万平方千米,其中风蚀造成的水土流失面积比水蚀造成的水土流失面积多 26 万平方千米,问水蚀与风蚀造成的水土流失面积各多少万平方千米?

任务 24　算算自己的小储蓄

一、问题情境

1. 平平将自己的 500 元压岁钱存入银行,存期为 5 年,年利率为 5.85%,按单利计算,平平高兴地计算自己的小储蓄,她 5 年后的本利和是多少?

2. 平平将自己的 500 元压岁钱存入银行,存期为 5 年,年利率为 5.85%,按复利计算,5 年后的本利和怎样求?

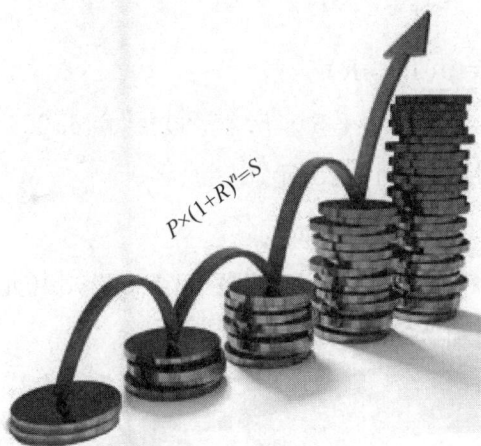

二、问题分析

1. 第一年本利和为 $500(1+5.85\%)$，第二年本利和为 $500(1+2\times5.85\%)$……

2. 第一年 $500(1+5.85\%)$，第二年 $500(1+5.85\%)^2$……

三、相关知识

1. 单利

利息公式 $\qquad\qquad I_n=pnR$

本利和公式 $\qquad\qquad S_n=p(1+nR)$

2. 复利

本利和公式 $\qquad\qquad S_n=p(1+R)^n$

利息公式 $\qquad\qquad I_n=S_n-p$

式中，p 为本金；n 为期数；R 为每期的利率；S_n 为本利和。

四、解答问题

解：

1. $\qquad\qquad S_n=p(1+nR)$

$\qquad S_5=500(1+5\times5.85\%)=646.25(元)$

则 5 年后的本利和为 646.25 元。

2. $\qquad\qquad S_n=p(1+R)^n$

$\qquad S_5=500(1+5.85\%)^5=664.39(元)$

则 5 年后的本利和为 664.39 元。

五、拓展与实践

我有 200 元闲钱，存入银行 3 年，年利率为 5.4%，请您帮我算一下，存款到期时：①按单利计算；②按复利计算，它们的本利和分别是多少？

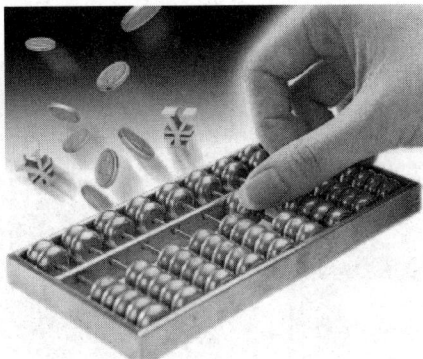

解：

① 单利计算

$$S_3 = 200(1 + 3 \times 5.4\%) = 200 \times 1.162 = 232.40(元)$$

② 复利计算

$$S_3 = 200(1 + 5.4\%)^3 = 200 \times 1.054^3 = 200 \times 1.171 = 234.20(元)$$

则单利计算本利和是 232.40 元，复利计算本利和是 234.20 元。

六、作业与训练

1. 有位先生将 4000 元钱存入银行，定期 5 年，年利率是 5.85％，以单利计算，到期后的本利和是多少？

2. 李老师将 1000 元钱存入银行定期 3 年, 年利率为 5.4%, 以复利计算, 到期后的本利和是多少?

3. 某种活期储存的月利率是 0.16%, 存入银行 1000 元本金, 按国家规定取款时, 应缴纳利息部分 20% 的利息税。请你写出这种活期储存扣除利息税后实得本利和 y 元与所存月数 x 之间的函数关系。

排列与组合

排列的应用

任务 25　两种不同的计数方法

一、问题情境

1. 大连女孩孙宁就要去北京参加全国举办的造型师大赛的决赛。她可以乘火车、飞机和长途汽车去。一天中火车、飞机、长途汽车的班次如下表。问孙宁要从大连到北京参加本次大赛的决赛,有多少种不同的走法?

方　　式	车　　次
火车	2次
飞机	2次
长途汽车	1次

2. 小强要爸爸给他做一个小冰车,它的制作需要下料和安装两道工序,每道工序的具体方法如下表所示。

第一道工序	3 种
第二道工序	2 种

问完成小冰车的制造,共有多少种不同的方法?

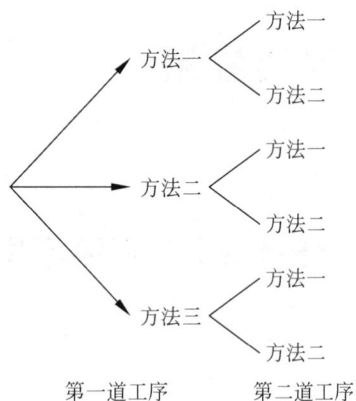

二、问题分析

1. 有三类不同的交通工具可利用,而每一类中又有不同的班次,这些不同的班次中的每一种都可以完成由大连去北京这件事。

2. 要完成小冰车的制造,必须两道工序全部完成,只完成其中一道工序是不能完成制造小冰车这件事的。

三、相关知识

计数原理

1. 分类计数原理：假设完成一件事，有 n 类办法，在第一类办法中有 m_1 种不同的方法，在第二类办法中有 m_2 种不同的方法，……，在第 n 类办法中有 m_n 种不同的方法，那么完成这件事共有

$$N = m_1 \times m_2 \times \cdots \times m_n$$

种不同的方法。

2. 分部计数原理：假设做一件事，需要分成 n 个步骤，完成第一步有 m_1 种不同的方法，完成第二步有 m_2 种不同的方法，……，完成第 n 步有 m_n 种不同的方法，那么完成这件事共有

$$N = m_1 + m_2 + \cdots + m_n$$

种不同的方法。

四、解答问题

1. **解**：第一种走法乘火车 $n_1 = 2$ 种；

第二种走法乘飞机 $n_2 = 2$ 种；

第三种走法乘长途汽车 $n_3 = 1$ 种；

$$N = n_1 + n_2 + n_3 = 2 + 2 + 1 = 5（种）$$

则共有 5 种不同的走法。

2. **解**：第一道工序：$n_1 = 3$ 种；

第二道工序：$n_2 = 2$ 种；

乘法计数原理：

$$N = n_1 \times n_2$$
$$N = 3 \times 2 = 6（种）$$

则共有 6 种不同的制造方法。

五、拓展与实践

李响与爱人利用婚假到苏杭旅游。来到苏杭被那些迷人的苏绣深深地吸引。他们想从 10 幅精美的手绣中任选一幅,再从 6 种雕琢细致的画框中选出一幅,带回家中挂在他们温馨的客厅中,问有多少种不同的选择。

解:从 10 幅手绣中任选 1 幅有 $n_1 = 10$ 种选法;

从 6 种画框中任选 1 幅共有 $n_2 = 6$ 种选法。

由题意可知,应选择乘法计数原理

$$N = n_1 \times n_2 = 10 \times 6 = 60(种)$$

则李响他们有 60 种不同的选择。

六、作业与训练

1. 张老师要做一件工艺绣品送给自己多年不见的妹妹,这件工艺绣品可以手绣,也可以机绣,手绣与机绣人员见下表。张老师要选一个人完成这件工艺绣品共有多少种不同的安排方法?

只会手绣人员	5 人
只会机绣人员	3 人

2. 警方在追查一辆肇事逃逸车辆,根据现场目击群众举报,肯定是辽BSB×××,(×××是未看清的数字),问警方最多需要调查多少辆车就一定可追查到那辆肇事车辆?

任务 26　车票与票价的区别

一、问题情境

小明要求妈妈在"六一"儿童节时带他去爬山采花,妈妈出了道题让小明算,算对了就满足他的要求,小明还真行,算对了。问大连、北京、上海三个民航站之间的直达航线有多少种不同的票价,需要准备多少种不同的机票?

二、问题分析

1. 每两站之间的票价是相同的(里程数相同),不同的票价情况有(与始发站与终点站顺序无关):

(1) 北京—上海(上海—北京)

(2) 上海—广州(广州—上海)

(3) 广州—北京(北京—广州)

2. 每两站之间的机票是不同的(始发与终点不同),不同的机票分析如下表(与始发站与终点站的顺序有关):

起 点	终 点	机 票 种 数
大连	北京	大连—北京
	上海	大连—上海
北京	大连	北京—大连
	上海	北京—上海
上海	大连	上海—大连
	北京	上海—北京

三、相关知识

排列与组合的区别

1. 组合的概念:从 n 个不同的元素中任取 m 个元素,并成一组,称为从 n

个不同的元素中取出 m 个元素的组合。

2．排列的概念：从 n 个不同的元素中任取 m 个元素，按某种顺序排成一列，称为从 n 个不同的元素中取出 m 个元素的排列。

排列与顺序有关，组合与顺序无关。

四、解答问题

解：（1）票价只与里程有关，两站之间的往返票价是相同的，所以不同的票价为：

$$N = 3 \text{ 种}$$

则有 3 种不同的票价。

（2）如上页分析表所示

$$N = 3 \times 2 = 6 \text{（种）}$$

则有 6 种不同的机票。

五、拓展与实践

1．从张小林家去北京乘火车有四站地，在这四站地之间需要准备多少种不同的火车票？有多少种不同的票价？

解：车票与始发站和终点站的顺序有关，所以需准备车票种数为

$$N = 4 \times 3 = 12 \text{（种）}$$

票价与始发站和终点站的顺序无关，只与里程有关，所以不同的票价：

$$N = 4 \times 3 \div 2 = 6(种)$$

需准备 12 种车票,共有 6 种不同的票价。

2. 从 1、2、6 三个数字中任选两个数,求:和有几种不同的结果?差有几种不同的结果?

解:求和时与加数、被加数的顺序无关,所以共有不同的和为:

$$N = 3 \text{ 种}$$

求差时与减数、被减数的顺序有关,所以共有不同的差为:

$$N = 3 \times 2 = 6(种)$$

则有 3 种不同的和,6 种不同的差。

六、作业与训练

1. 某赛季的足球中超联赛,共有 10 个队参加,每队都要与其他队在主客场分别比赛一次,共进行多少场比赛?

2. 现有壹分、贰分、伍分、壹角、伍角、壹元的硬币各一枚,问一共可以组成多少种不同的币值?

任务 27　选择班长和副班长

一、问题情境

新生入校三个多月了,通过军训和丰富多样的校园文化熏陶,大家的情绪都平稳下来,彼此也都多了些了解,于是班干部的选举工作开始了,在班级的 30 名学生中,选出正、副班长各 1 人,有多少种不同的选法?

二、问题分析

把正、副班长两个职务看作是两个格子,第一个格子里,从 30 个人任选一个人放上就有 30 种不同的选法。

第二个格子里,从剩下的 29 个人中任选一上放上,共有 29 种不同的选法。

三、相关知识

排列公式:

$$A_n^m = n \times (n-1) \times (n-2) \times \cdots \times (n-m+1)$$

四、解答问题

解:从 30 人中选出一个,再从剩下的 29 人中选出一个;

$$A_n^m = n \times (n-1) \times (n-2) \times \cdots \times (n-m+1)$$

$$N = A_{30}^2 = 30 \times 29 = 870(种)$$

则共有 870 种不同的选法。

五、拓展与实践

小东在想从 $1,2,3,4,5$ 这 5 个数字中任意取出 2 个,能组合多少个没有重复数字的两位数。

解:两个数字组成的两位数,与十位、个位数字的顺序有关。所以这是一个排列问题。

从 5 个数字中任选两个组成没有重复数字的两位数的个数为：

$$N = A_5^2 = 5 \times 4 = 20 \text{(个)}$$

则共组成 20 个没有重复数字的两位数。

六、作业与训练

1. 今天下午班级里主办了一个充满春意的主题班会——拥抱春天，保护大自然，大家除了谈谈热爱春天，做好环保的发言，还准备了 5 个节目，问这个节目单有多少种不同的排法？

2. 张亮所在的班级有 45 名学生，从中选出班长、学习委员、体育委员、文艺委员和生活委员各 1 名，一共有几种不同的选法？

任务 28　拔河比赛时的队形排列

一、问题情境

春天到了,各种体育活动在校园内展开,星期五下午,一年级各班举行拔河比赛,每班出 10 个人参赛,算一下这 10 个人排成一排有多少种不同的排法?

二、问题分析

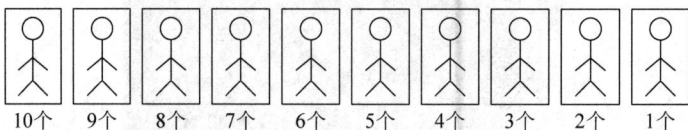

10个　9个　8个　7个　6个　5个　4个　3个　2个　1个

三、相关知识

排列数公式

1. 选排列公式

$$N = A_n^m = n \times (n-1) \times (n-2) \times \cdots \times (n-m+1)$$

2. 全排列公式

$$N = A_n^n = n! = n \times (n-1) \times (n-2) \times \cdots \times 3 \times 2 \times 1$$

四、解答问题

解:第一个位置,10 个人中任选一个,有 10 种排法。

第二个位置,剩下 9 个人中任选一个有 9 种排法。

$$N = 10 \times 9 \times 8 \times \cdots \times 2 \times 1 = 3628800(种)$$

则共有 3628800 种排法。

五、拓展与实践

小亮家就要搬进新居了,但电话号码不能使用以前的了,已知新居区号为 865 开头,妈妈问小红 865 开头的固定电话共有多少部(该城市的电话号码为 8 位数字组成)?

解:因为电话号码为 8 位数字组成,如下表所示。

8	6	5	*	*	*	*	*

所以

$$S = 10 \times 10 \times 10 \times 10 \times 10 = 10^5$$

则 865 开头的固定电话共有 10^5 台。

六、作业与训练

1. 有 6 位同学要去照相,有多少种不同的座位方法?

2. 大连市的固定电话是由 8 开头的 8 位数字组成,问大连这个地区共可以安装固定电话多少部?

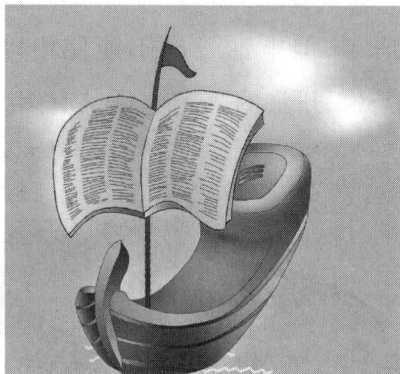

组合的应用

任务 29　分图书

一、问题情境

平平有 5 本不同的童话故事书,有一天姑姑领着妹妹到她家来。妈妈让平平分两本书给妹妹,问有多少种不同的分法?

二、问题分析

从 5 本不同的书中任取 2 本,分给妹妹,如同从 5 个不同的元素中任取 2 个元素,不分顺序,组成一组,所以这是个组合问题。

三、相关知识

组合

1. 组合数公式

$$C_n^m = \frac{n \times (n-1) \times \cdots \times (n-m+1)}{n \times (n-1) \times \cdots \times 3 \times 2 \times 1}$$

2. 组合的性质

$$C_n^m = C_n^{n-m}$$

四、解答问题

解:

$$C_5^2 = \frac{5 \times 4}{2 \times 1}$$

$$N = C_5^2 = 10 \text{ 种}$$

因此有 10 种不同的分法。

五、拓展与实践

有 6 个苹果分给 3 个人,第一个人分 3 个,第二个人分 2 个,第三个人分 1 个,共有几种分法?

解:

$$N = C_6^3 \times C_3^2 \times C_2^2 = \frac{6 \times 5 \times 4}{3 \times 2 \times 1} \times \frac{3 \times 2}{2 \times 1} \times 1 = 60(种)$$

因此,共有 60 种分法。

六、作业与训练

1. 将 6 本书分给 3 个人,一人 1 本,一人 2 本,一人 3 本,共有多少种不同的分法?

2. 从 20 个人中任选 4 人参加学校的乐队,有多少种不同的选法?

任务 30 辩论赛

一、问题情境

某学校 2007 年级共有 8 个班进行辩论赛,规定进行单循环赛(每两班之间赛一场),问该年级的辩论赛共进行多少场次?

二、问题分析

将 2007 年级 8 个班想象成 8 个点,把 8 个班之间的单循环赛可以看作是 8 个点两两组成线段,共有多少条线段(可以运用规律进行求和)?

三、相关知识

1. $1+2+3+\cdots+n=\dfrac{(1+n)\times n}{2}$

$1+2+3+\cdots+(n-1)=\dfrac{n\times(n-1)}{2}$

2. 组合公式

$$C_n^2=\dfrac{n\times(n-1)}{2}$$

3. n 个点线段的条数

$$\dfrac{n\times(n-1)}{2}$$

四、解答问题

解：通过下图所示，共有两种方法。

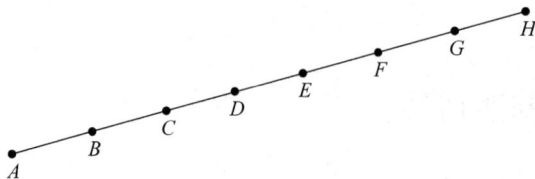

（1）以 A 为顶点的线段：7 条；

以 B 为顶点的线段：6 条；

以 C 为顶点的线段：5 条；

以 D 为顶点的线段：4 条；

以 E 为顶点的线段：3 条；

以 F 为顶点的线段：2 条；

以 G 为顶点的线段：1 条。

共有：

$$7+6+5+4+3+2+1=\frac{(1+7)\times 7}{2}=\frac{8\times 7}{2}=28（场）$$

（2）

$$C_n^2=\frac{n\times(n-1)}{2}$$

当 $n=8$ 时，则

$$C_8^2=\frac{8\times(8-1)}{2}=28$$

共进行 28 场辩论赛。

五、拓展与实践

把 27 枚棋子放入 7 个不同的空盒中，如果要求每个盒子都不空，且任意两个盒子里的棋子数目都不一样多,问能否办到? 若能,写出具体方案;若不能,说明理由。

解:因为每个盒子都不空,所以每个盒子中至少有一枚棋子;

任何 2 个盒中棋子数不一样;

7 个盒中共有的棋子数至少为 $1+2+3+4+5+6+7=28$。

但题目中只给了 27 枚棋子,所以,题中要求不能办到。

六、作业与训练

1. 某校举行排球单循环赛,有 12 个队参加。问共需要进行多少场比赛?

2. 把一堆苹果分给 8 个小朋友,要使每个人都能拿到苹果,而且每个人拿到苹果个数都不同,这堆苹果至少应该有几个?

3. 在一次宴会上,主人致祝酒辞之后,赴宴的人们便开始碰杯庆祝。有人统计了一下,这次宴会上所有的人都相互碰了杯,总共碰了45次。你能知道总共有多少人参加了这次宴会吗?